AUDIT SOCIAL

Groupe Eyrolles
61, bd Saint-Germain
75240 Paris Cedex 05
www.editions-eyrolles.com

Mise en pages : Florian Hue

© Groupe Eyrolles, 2007, 2016
ISBN : 978-2-212-56369-6

Jacques Igalens et Jean-Marie Peretti

AUDIT SOCIAL

Meilleures pratiques, méthodes, outils

Deuxième édition

EYROLLES

Table des matières

Avant-propos

Cet ouvrage souhaite contribuer au développement de l'utilisation de l'audit social dans les entreprises et les organisations pour répondre à des besoins croissants. Destiné aux praticiens et aux étudiants concernés par les enjeux de l'audit social et désireux de connaître ses démarches, domaines, outils et applications, *Audit social* est le fruit des échanges entre toutes les parties prenantes intéressées par cette discipline promise à d'importants développements, sous la double influence de la croissance de la demande et de la professionnalisation de l'offre.

En 2015, l'IAS (Institut international de l'audit social) a fêté son tiers de siècle. Comme chaque année, la 17e université de printemps (Tours, mai 2015) et la 33e université d'été (Montréal, août 2015) de l'audit social ont permis à des participants originaires de nombreux pays d'échanger autour des enjeux et des pratiques de l'audit social et de l'audit de la RSE (responsabilité sociétale des organisations).

Les 52 rencontres organisées durant ces trente-trois années par l'IAS dans quatorze pays, en France, au Maroc (3), en Algérie (3), au Liban (2), en Tunisie (2), en Belgique, au Canada, en Chine, en Croatie, au Congo, au Luxembourg en RDC (République démocratique du Congo), en Russie ou au Sénégal, ont rassemblé plus de 6 000 participants. Les actes publiés ont réuni plus de 1 500 communications.

Ces chiffres reflètent l'intérêt croissant que suscite l'audit social en France et au niveau international. Dans un contexte de mondialisation, de révolution numérique et de transformation des organisations, les attentes de démarches, méthodes et outils permettant d'améliorer la qualité du management des ressources humaines et de favoriser une approche responsable, socialement, sociétalement et environnementalement dans tous les domaines de la vie des entreprises et des organisations ne cessent de croître et expliquent la nécessité de l'audit social et de RSE et l'élargissement de son champ.

Nous tenons à remercier tous ceux qui ont contribué à l'élaboration de cet ouvrage, et en particulier les membres de l'IAS : son fondateur, Raymond Vatier ; ses présidents et vice-présidents d'honneur, Pierre Candau, Christian

Goux, Georges Egg, Jacques Igalens, Michel Joras, Alain Meignant, Jean Perreau, Youri Popov, Zahir Yanat, son bureau actuel, Louis Forget, secrétaire général, Roger-Pierre Hermont, trésorier, les vice-président(e)s, Luc Boyer, Geneviève Burke, Sylvie Brunet, Alain Chamak, Richard Delaye, Anne Marie de Vaivre, Françoise de Bry, Michelle Duport, Corinne Forasacco, Anne Marie Fray, Alexandre Guillard, Michel Jonquières, Hubert Landier, Bernard Merck, Stéphane Renaud, Aline Scouarnec, François Silva, ainsi que les présidents de groupes thématiques, Olivier Bachelard, Emmanuel Beck, Laila Benrais-Noailles, Charles Henri Besseyre des Horts, Jacques Brouillet, Stéphanie Carpentier, Martine Combemale, Fernando Cuevas, Patrick Dambron, Raphaël Doutrebente, Claire Dupont, Jean-Yves Duyck, Soufyane Frimousse, Assya Khyat, Erick Leroux, Yanne Lugrezi, Pierre Louart, Sonia Nuissier, Jean-Michel Plane, Henri Savall, Jean-Paul Tchankam, Delphine Van Hoorebeke, Éric Vatteville, Catherine Voynnet, Thierry Wiedeman-Goiran, Shiwei Wu et Ming Xu, les présidents des IAS nationaux, Chouhaib Hadouiri (Maroc), Elie Basbous (Liban), Yassine Foudad (Algérie), Mohamed Ennaceur (Tunisie) Youri Popov (Russie) et Roger Melmer (Luxembourg). Nous tenons également à remercier Christiane Deshais qui assure le secrétariat de l'IAS.

Les organisateurs, les intervenants, les communicants et les participants des cinquante-deux universités de l'audit social ont fortement contribué à la qualité des échanges sur l'audit social, nourrissant ainsi cet ouvrage.

La richesse des débats au sein des manifestations organisées par l'IAS repose sur ses partenariats. Nous avons beaucoup de plaisir à échanger sur le thème de l'audit social avec les membres de l'ANDRH, de l'Aderse, de l'Iseor, de l'AGRH, du Riodd et, bien sûr, du CCIAS et du C3 (centre de certification des compétences).

Notre reconnaissance s'exprime également à l'égard de nos amis des associations professionnelles et des groupes de travail qui, dans différents pays, ont contribué au développement de l'audit social ainsi qu'à la professionnalisation des auditeurs.

Introduction

Il y a trente ans, lorsqu'est né l'Institut international de l'audit social (IAS), la société française était encore sous le choc de 1981, c'est-à-dire de l'arrivée de la gauche au pouvoir. Pour certains, il s'agissait du « passage de l'ombre à la lumière » ; pour d'autres, c'était exactement l'inverse. Les salariés réclamaient davantage de droits dans l'entreprise, c'était l'application des lois Auroux dont l'objectif était de « promouvoir la démocratie économique fondée sur de nouvelles relations de travail ».

Il y a trente ans, les auteurs de ce livre (tous deux professeurs de GRH) remplissaient les amphis en abordant les grandes idéologies, et les vidaient lorsque, par inadvertance, ils traitaient de problèmes éthiques. Aujourd'hui c'est l'inverse : l'idéologie ennuie et l'éthique passionne.

Il y a trente ans, la gestion des relations avec les partenaires sociaux occupait souvent plus de place dans l'agenda du DRH que la recherche de performance. La dimension dite « stratégique » de la GRH apparaissait à peine et se réduisait souvent au désir (légitime) des DRH de siéger dans les conseils de direction afin de pouvoir participer à la prise de décision.

Il y a trente ans, le thème des rémunérations était déjà très important, mais il s'agissait alors, le plus souvent, de lutter contre les effets pervers du « rattrapage » lié à l'inflation et de transformer, chaque fois que cela était possible, les augmentations « à l'ancienneté » par des augmentations « au mérite ». L'intéressement de 1959 qui avait somnolé jusque-là se mit à se développer, et 7 000 contrats furent signés en 1989. Mais pour les DRH qui ont vécu cette époque, le souvenir le plus douloureux consiste certainement à voir se succéder les plans sociaux après la première guerre du Golfe : en 1990 commence le « blues du DRH »...

Bien évidemment, l'audit social porte la trace de ces changements. L'audit social de 2016 n'est plus celui de 1984 : les préoccupations, les pressions qui pèsent sur les directions générales et les DRH ne sont plus les mêmes.

Aujourd'hui, l'entreprise évolue dans un contexte mondialisé, elle peut être actrice ou simplement spectatrice de cette mondialisation, mais elle ne peut l'ignorer. Jamais les DRH et leur entreprise n'ont été soumis à autant de bouleversements qu'au cours des trente dernières années. Économiques, géographiques, démographiques, technologiques, les mutations s'accélèrent et elles sont profondes.

Quel est le changement le plus difficile à supporter pour le DRH ?

Probablement celui qui consiste à être de façon permanente « sous pression », car il ne s'agit plus simplement d'appliquer des process tels que ceux de l'acquisition de RH, de l'évaluation ou de la rémunération. Il faut en permanence « contribuer » : contribuer à l'atteinte des objectifs opérationnels en devenant business partner, contribuer au résultat opérationnel par un reengineering permanent allant jusqu'à l'outsourcing ou l'off-shoring, contribuer à la préparation de l'avenir en devenant agent de changement, en cherchant tout ce qui peut rendre l'organisation (et l'emploi) flexible(s), mais sans pour autant perdre la substance même des métiers. Le DRH « idéal » ne coûte presque rien – et en tout cas pas plus que les benchmarks internationaux –, en revanche il délivre des prestations « word class » aux opérationnels, il prépare l'avenir sans sacrifier le présent, il est garant de l'équité, de la diversité, de la responsabilité sociale de l'entreprise. Il n'est pas indispensable, mais on apprécie également qu'il garde le sourire...

Dans ce nouveau contexte, l'audit social s'est profondément renouvelé. En 1984, nous étions encore sous le charme de la loi qui avait rendu obligatoire la production du bilan social, et l'approche par les indicateurs semblait alors la voie royale.

Aujourd'hui, s'il est encore question d'indicateurs, il ne s'agit plus des mêmes : la Global Reporting Initiative ou d'autres référentiels issus de démarches normalisatrices ont pris le relais. Les sujets d'audit ont également changé et, parfois même, les clients de l'audit social sont différents.

Certes, de grands classiques demeurent : les audits du type « climat social », « aménagement du temps de travail », « compétitivité des rémunérations », « recrutement » sont toujours demandés. D'autres déclinent, notamment les « audits de culture », tandis que l'on voit apparaître, avec la montée en puissance du thème de la responsabilité sociale de l'entreprise, les audits de la chaîne de sous-traitance en particulier.

Les clients sont toujours principalement les directions générales, et plus rarement les DRH, mais d'autres cas se développent. Dans le cadre de la notation extra-financière, l'agence Vigeo propose des notations qualifiées de « sollicitées » qui sont des audits sociaux, tandis que la multiplication des opérations de fusion-acquisition provoque des audits sociaux particuliers, qui parfois ne disent pas leur nom de peur d'effrayer les équipes en place. Dans certains pays, les syndicats peuvent déclencher des audits sociaux, notamment concernant l'emploi ou les conditions de travail.

De tous ces changements, le présent ouvrage essaie de rendre compte et il est pour cela structuré en sept chapitres.

Dans un premier chapitre, l'audit social est défini et ses origines, développement et diversité des pratiques sont présentés avec les pratiques d'audit social dans le cadre de la certification et hors du cadre de la certification. Le deuxième chapitre présente la démarche de l'auditeur social et de nombreux exemples d'outils et de méthodes sont envisagés. Dans un troisième chapitre, les audits de la fonction ressources humaines et l'audit de la gestion administrative du personnel sont tour à tour exposés. Dans un quatrième chapitre, les trois niveaux d'audit sont présentés. Le cinquième chapitre est consacré à l'audit des rémunérations et notamment l'audit de l'individualisation et du système de reconnaissance. Dans un sixième chapitre, deux cas sont présentés, ceux de Nike et Carrefour, puis nous abordons l'audit de la RSE aux trois niveaux suivants, engagements, process et résultats, ainsi que dans le cadre de la notation extra-financière. Enfin, nous dressons dans le dernier chapitre un tableau du monde des auditeurs sociaux.

CHAPITRE 1

Le développement des audits sociaux et de RSE

Le terme « audit social », apparu dans les années 1970 en France, a connu un vif succès et a été largement utilisé car, comme le soulignent Michel Jonquières et Michel Joras[1], le mot a un « sens généreux » et, « véritable fourre-tout », recouvre par son usage de multiples significations.

Bien que discipline récente, l'audit social a connu une sensible évolution depuis son origine. En tant que déclinaison particulière de l'audit opérationnel, l'audit social présente une grande similarité avec les autres branches de l'audit (informatique, logistique, achats, ventes, production, etc.). Par cette première approche, l'audit social est contemporain de la montée en puissance des missions d'audit dont on peut dater les origines au début des années 1950.

Le souci d'appliquer au domaine du social et des ressources humaines la démarche traditionnelle de l'audit opérationnel a été l'un des déterminants de l'émergence et du succès de l'audit social depuis plus de quarante ans. En France, l'audit social a bénéficié également des travaux qui, dans les années 1970, eurent pour objectif de réformer l'entreprise et le dialogue social. La nécessité de disposer de mesures, d'indicateurs sociaux et d'informations fiables dans le domaine social répondant aux attentes des dirigeants, des salariés, de leurs représentants et des actionnaires se traduisit en 1977 par la loi rendant obligatoire la présentation annuelle du bilan social. Depuis cette loi, nombre d'entreprises se sont essayées à planifier la dimension sociale de leur activité et à en rendre compte. La publication des premiers bilans sociaux en 1979 favorisa le développement de l'audit social.

Après avoir, dans une première section, examiné les définitions de l'audit social et des termes voisins, nous replacerons l'audit social dans un contexte historique, puis envisagerons la diversité des pratiques contemporaines d'audit social dans le cadre de la certification et hors de son cadre.

---

1. *Glossaire de l'audit social*, Éd. EMS, 2015.

1. Définition de l'audit social

Plusieurs définitions ont été proposées au fil des années qui reflètent la diversité et l'évolution des attentes à l'égard de l'audit du social et de la RSE.

1.1. Proposition de définition

En 2000, la nouvelle version de la norme ISO 9000 définit ainsi l'audit :

> « *Processus méthodique, indépendant et documenté permettant d'obtenir des preuves d'audit et de les évaluer de manière objective pour déterminer dans quelle mesure les critères d'audit sont satisfaits.* »

Cette définition est très générale et renvoie à des interrogations concernant les notions de preuve et de critère.

En 2001, les communautés européennes publient un livre vert intitulé *Promouvoir un cadre européen pour la responsabilité sociale de l'entreprise*. Ce livre proposait les deux définitions suivantes :

> « *Audit social : évaluation systématique de l'impact social d'une entreprise par rapport à certaines normes et attentes.*
> *Audit éthique : application de critères éthiques, non financiers, à une décision d'investissement.* »

Ces deux définitions ne sont pas assez précises, car elles ne mettent pas en évidence la particularité d'un audit par rapport à d'autres pratiques telles que l'inspection ou le contrôle ; on peut également remarquer que les deux définitions reprennent un des termes à définir (« social » pour audit social, « éthique » pour audit éthique), ce qui n'est pas très éclairant.

En 2006, l'IAS, Institut international de l'audit social, a produit un document qui définit ainsi l'audit social :

> « *Audit appliqué à la gestion, aux activités et aux relations des individus et des groupes dans les organisations, ainsi qu'aux rapports de ces dernières avec leurs parties intéressées internes et externes.* »

Si, dans cette définition, le champ du social est bien défini, en revanche « audit » est défini par « audit », ce qui n'est pas suffisamment explicite.

Évidemment, la tentation de coupler la première et la dernière définition est forte : l'une définit l'audit, mais pas le social et l'autre définit le social, mais pas l'audit. On obtient ainsi :

> « *L'audit social est un processus appliqué à la gestion, aux activités et aux relations des individus et des groupes dans les organisations, ainsi qu'aux rapports de ces dernières avec leurs parties intéressées internes et externes ; ce processus est méthodique, indépendant et documenté, il permet d'obtenir des preuves d'audit et de les évaluer de manière objective pour déterminer dans quelle mesure les critères d'audit sont satisfaits.* »

En général, on définit une preuve d'audit comme un ou plusieurs enregistrements, déclarations de fait ou autres informations, pertinents pour l'audit et qui sont vérifiés. Quant aux critères d'audit, ils sont définis par l'ensemble des politiques, procédures ou exigences auxquelles les preuves d'audit sont comparées. Ces définitions formellement acceptables nous semblent cependant réservées à ceux qui ont déjà un bon niveau d'information sur le sujet et nous les jugeons un peu trop abstraites pour découvrir ce qu'est l'audit social.

Pour ces raisons nous préférons la définition suivante :

> « *Forme d'observation qui tend à vérifier concernant les principes, les politiques, les processus et les résultats dans le domaine des relations de l'entreprise avec ses parties prenantes :*
> - *qu'elle a effectivement réalisé ce qu'elle dit avoir fait ;*
> - *qu'elle utilise au mieux ses moyens ;*
> - *qu'elle conserve son autonomie et son patrimoine ;*
> - *qu'elle est capable de réaliser ce qu'elle dit vouloir faire ;*
> - *qu'elle respecte les règles de l'art ;*
> - *qu'elle sait évaluer les risques qu'elle court[1].* »

Cette définition mérite quelques précisions.

En premier lieu, l'entreprise est évoquée par souci de simplification, mais rien ne s'oppose à la pratique de l'audit social dans d'autres formes d'organisation : les hôpitaux, les collectivités territoriales, les ONG[2]...

---

1. Document interne de l'Institut d'audit social, 2012.
2. La revue scientifique de référence sur le sujet s'intitule d'ailleurs ROR, *Revue de l'organisation responsable* (Éd. Eska).

Deuxièmement, l'audit est « une forme d'observation », c'est-à-dire que l'auditeur part du terrain, de ce qu'il constate, de ce qu'il entend (d'où l'origine étymologique de l'audit). Certes les constats en provenance du terrain sont analysés, recoupés, comparés, mais ils n'en demeurent pas moins la matière première de l'audit.

Troisièmement, le terrain en question s'est élargi au fil du temps et couvre désormais les relations de l'entreprise avec ses parties prenantes, alors qu'autrefois il se limitait à l'une d'entre elles, les salariés. On pourrait distinguer un audit social stricto sensu qui ne prendrait en compte que les relations de l'entreprise avec ses salariés et leurs représentants, d'un audit de la RSE qui couvrirait les autres parties prenantes, mais nous proposons une conception unifiée et large qui correspond à la dimension horizontale de l'audit social.

Quatrièmement, la dimension verticale de l'audit social concerne quatre niveaux :

- les principes, qui sont souvent déclinés dans des chartes, des codes ;
- les politiques, qui contiennent souvent des orientations voire des objectifs ;
- les process, qui précisent les façons de faire de l'entreprise ;
- les résultats, souvent quantifiés dans des mesures appropriées.

Cinquièmement, ce que produit l'audit social, c'est un jugement sur un certain nombre de points. Jugement, et éventuellement mesure des écarts entre ce qu'annonce l'entreprise dans ses différentes productions textuelles, chiffrées ou non chiffrées, et ce que constate l'auditeur. Jugement sur la consommation des ressources de toutes natures : informationnelles, humaines, financières. Jugement sur la capacité de l'entreprise à mener à bien ses projets. Jugement sur le respect des règles qui s'imposent à elle, du fait du droit ou des engagements librement consentis. Jugement enfin sur le point essentiel qu'est la capacité d'une entreprise à connaître les risques sociaux qu'elle court et à mettre en œuvre les solutions qui s'imposent.

1.2. Audit, contrôle, vérification, assurance, révision et accréditation

Michel Jonquières et Michel Joras dans le *Glossaire de mots repères pour l'audit du social et du sociétal* (2015) constatent qu'actuellement, par son usage, le terme « audit » recouvre plusieurs significations :

- une démarche d'audit de vérification et/ou d'évaluation ;
- une mission mandatée et menée par un auditeur, un vérificateur ou un contrôleur ;
- une fonction, un département d'audit interne et/ou externe ;
- un métier ;
- un document, un rapport d'audit, une étude juridique ;
- une méthode d'évaluation, de vérification, de détection des écarts par rapport à un référentiel.

Ils soulignent que la législation de l'Union européenne place sous l'intitulé « audit » une variété de démarches, prestations, diligences raisonnables, fonctions. Ils distinguent :

- Au niveau de l'État et des organismes placés sous son contrôle, des audits de vérification, de contrôle ou d'inspection. Ces audits sont menés par des fonctionnaires au sein de grands corps de l'État selon des règles et des principes statutaires et administratifs.

- Au niveau des entreprises et organisations soumises à la vérification légale des comptes, les vérifications permanentes de la légalité, véracité des données et informations comptables, financières et extra-financières et leur reporting, assurées par les sociétés d'audit et conseil et les commissaires aux comptes.

- Au niveau de l'organisation interne des entreprises, l'audit interne, constitué d'administrateurs désignés, peut être une fonction de support managérial. Certaines grandes entreprises mettent en place des « comités d'audit ».

- Au niveau général, cinq activités peuvent être associées à une démarche d'audit :
  - Le *contrôle*, vérification de la conformité d'une situation par comparaison avec des exigences. L'audit ne se limite pas à la description et au contrôle d'une situation. Il s'intéresse aussi au dispositif qui gouverne cette situation.
  - La *vérification*, certification par un auditeur externe de la validité, de la pertinence et de l'exhaustivité des rapports ou déclarations d'une entreprise, confirmation par des preuves tangibles que les exigences spécifiées ont été satisfaites.

- *L'assurance* désigne généralement les méthodes et processus utilisés par un vérificateur pour évaluer les informations fournies au public par une organisation sur ses performances, ainsi que sur les systèmes, données et processus qui les sous-tendent en les rapportant à des critères et normes appropriés afin de renforcer la crédibilité des informations ainsi fournies au public. Les résultats du processus d'assurance sont communiqués dans une attestation d'assurance.
- La *révision* est le processus qui permet de vérifier et d'apurer le solde des comptes d'une entité avant de clôturer un exercice ou une période.
- *L'accréditation* est une attestation délivrée par une tierce partie, ayant rapport à un organisme d'évaluation de la conformité, constituant une reconnaissance formelle de la compétence de ce dernier à réaliser des activités spécifiques d'évaluation de la conformité.

2. Origines, développement et diversité de l'audit social

2.1. Les origines de l'audit social

Raymond Vatier crée en 1982 l'Institut international de l'audit social (IAS). À l'occasion du vingtième anniversaire de cet institut, en 2002, il s'exprimait ainsi :

« *Je ne soupçonnais pas en 1982, au départ de l'IAS, tout ce que la réflexion poursuivie sur le concept d'audit social allait nous apporter. Pour ma part, comme ingénieur, j'ai été formé dans une logique d'efficacité et de productivité. Ces préoccupations d'efficacité et de productivité ne concernaient que le seul processus de production. Avec l'ANDCP[1], nous avons commencé à dire que les questions de personnel ne pouvaient pas se traiter uniquement avec les bonnes intentions des uns, laissant à d'autres le soin de prendre des décisions empiriques, au nom de leur expérience et en fonction des contraintes du moment. Nous voulions faire apparaître le caractère professionnel de la fonction personnel. Nous avons alors rencontré l'ironie condescendante de certains. On nous trouvait préten-*

---

1. Association nationale des directeurs et cadres de la fonction personnel (devenue ANDRH en 2007), dont Raymond Vatier était président. Raymond Vatier a été également directeur fondateur du CESI et président de l'institut Entreprise et Personnel.

tieux. Il fallait aussi souvent faire face à l'obstruction de la maîtrise. De leur côté, les directions générales imaginaient rarement avoir besoin d'un directeur du personnel pour leur comité de direction. Les hommes du personnel existaient cependant. Ils recevaient les délégués du personnel, on leur demandait de faire respecter la discipline et d'assurer la paix sociale, c'est-à-dire d'éviter les conflits. On leur demandait aussi d'appliquer la réglementation du travail et, éventuellement, de faire respecter des barèmes de salaires et de primes. Qu'auraient-ils pu apporter dans une réunion de direction, où l'on discutait du lancement d'un nouveau modèle, de la mise en place de nouvelles machines, ou du transfert d'une production à la sous-traitance ? On s'est mis à poser une série de questions :

- *Pourquoi y a-t-il moins de rebuts ici que là ?*
- *Pourquoi l'absentéisme ou le turn-over sont-ils plus importants à l'usine A qu'à l'usine B ?*
- *Qu'est-ce qu'un bon ou un mauvais climat social ?*
- *Pourquoi les secrétariats sont-ils rebelles aux nouvelles méthodes ?*
- *Est-il vrai que la formation pourrait rapporter plus ?*
- *Pourquoi les délais ne sont-ils jamais respectés dans tel service ?*

Et nous avons fait deux découvertes :

- *la gestion d'entreprise forme un tout, il ne peut y avoir de gestion cloisonnée. Le pilotage de l'entreprise prend en compte aussi bien les données commerciales que les faits sociologiques, les évolutions technologiques et la situation de la concurrence ;*
- *en matière de personnel comme en toute autre, on a besoin de se donner des objectifs, de les traduire en décisions et d'en vérifier la réalité d'application par la consultation d'indicateurs de résultats.*

Pour tout cela, il fallait des auditeurs. Oui, il fallait disposer d'auditeurs, c'est-à-dire des hommes et des femmes dotés de compétences et d'une solide méthodologie d'observation. Des auditeurs attentifs aux réalités, qui écoutent pour entendre, regardent pour voir et mesurent pour comprendre. »

Deux ans plus tard, en 1984, paraissait le premier ouvrage francophone consacré à l'audit social. Dans l'introduction, les auteurs écrivaient :

« *L'audit social apparaît aujourd'hui comme une discipline nouvelle promise à d'importants développements sous la double influence de :*

- *l'intérêt croissant accordé à la dimension sociale de la gestion des entreprises et des organisations ;*

- *l'essor considérable de l'audit et le souci d'appliquer au domaine social la démarche et les outils qui en ont assuré le succès. » (Peretti et Vachette, 1985.)*

2.2. Les nouveaux champs : l'audit des achats responsables

Le champ de l'audit social s'est considérablement élargi depuis trente ans, parallèlement à l'extension du champ de la GRH et de celui de la RSE. Ainsi, l'audit social bénéficie-t-il depuis vingt ans d'une demande importante dans le cadre de la relation entre des clients, commerçants et industriels du Nord d'une part, et des fournisseurs ou sous-traitants du Sud d'autre part. Il s'agit pour l'essentiel de contrôler le respect des principes fondamentaux de l'Organisation internationale du travail (OIT), auxquels s'ajoutent d'autres exigences en fonction des désirs du donneur d'ordre. Ce type d'audit est souvent très court et mobilise peu de moyens. De nombreuses ONG en dénoncent souvent le caractère superficiel, mais c'est cependant devenu la pratique la plus fréquente, sous l'appellation américaine de « social audit ».

Le respect d'un socle de droits de l'homme et de droits du travail correspond à une demande de consommateurs occidentaux, ainsi qu'à l'exigence de certains industriels. Les premiers sont poussés par des considérations morales, ils ne veulent pas que les produits achetés aient été réalisés par des enfants non scolarisés ou dans des conditions de travail dégradées. Les seconds voient le respect d'une « clause sociale » dans les échanges internationaux comme un moyen de résister à la concurrence des pays à bas salaires. Pour ces raisons, la pratique de l'audit social dans la chaîne d'approvisionnement et de sous-traitance devrait encore s'intensifier dans les prochaines années. Il n'est pas interdit d'espérer qu'elle s'améliore également, car elle n'offre pas aujourd'hui toutes les garanties qu'on est en droit d'attendre d'un audit social réalisé dans les « règles de l'art ».

2.3. Diversité des pratiques d'audit social

Pour mieux appréhender la diversité des pratiques d'audit social, il convient de préciser la nature des demandes que ces pratiques s'efforcent de satisfaire. La première d'entre elles, en nombre de missions réalisées, concerne la certification selon un référentiel normatif, les suivantes se déroulent en dehors des procédures de certification et nous les étudierons à partir de deux dimensions, horizontale et verticale.

3. Les pratiques d'audit social dans le cadre de la certification

Les économies des pays industrialisés sont confrontées à une profonde évolution : le passage de l'ère où prévalaient confiance et réputation à celle où il est nécessaire pour vendre d'apporter la preuve factuelle de la qualité de ses produits, de son organisation ou de l'information diffusée aux tiers. Cette mutation se traduit par l'émergence de clauses d'assurance de la qualité, de normes ou de codes d'éthique. La question des moyens dont disposent les clients pour apprécier la qualité des produits ou services qui leur sont offerts revêt une importance considérable. Il appartient à l'entreprise de donner confiance dans le fait qu'un certain nombre d'engagements seront tenus, et d'émettre des signaux perceptibles par les utilisateurs. C'est pour cette raison que des systèmes essentiellement privés de certification de produits, de processus, de style de management, de personnes se sont développés. Ils permettent de garantir, le plus souvent par l'intermédiaire d'un organisme tiers, qu'un produit, un procédé de fabrication, ou une prestation de services présentent les caractéristiques attendues.

3.1. La certification

En France, en vertu des articles L. 115-21 et suivants du Code de la consommation, et selon la définition de la DGCCRF[1], un label ou une certification est un signe d'identification de la qualité répondant à un ensemble de critères qualitatifs définis dans un cahier des charges et contrôlés par un organisme tiers indépendant de l'entreprise, lequel doit être déclaré auprès des pouvoirs publics s'il s'agit de produits ou services non alimentaires[2], et agréé par ceux-ci s'il s'agit de produits agricoles et denrées alimentaires.

---

1. Direction générale de la Concurrence, de la Consommation et de la Répression des fraudes.
2. Code de la consommation art. 115-28.

> « La certification est une procédure par laquelle une tierce partie donne une assurance écrite qu'un produit, un service, un système qualité, un organisme est conforme à des exigences spécifiées[1]. »

Dans son principe, la certification repose sur l'action conjointe de nombreux acteurs :

- l'acteur qui a créé les normes ou les spécifications (par exemple, un code de conduite) qui serviront de référentiels ;
- l'entité qui effectue l'audit et présente un rapport d'audit ;
- l'organisme qui attribue la certification ;
- l'institution qui accrédite les organismes certificateurs.

3.2. Les référentiels de certification

Une norme est un document de référence qui apporte des réponses à des questions techniques, commerciales, sociales que se posent de façon répétée les acteurs, sur des produits, des biens d'équipement ou des services. Elle est élaborée en consensus par l'ensemble des acteurs d'un marché (producteurs, utilisateurs, laboratoires, pouvoirs publics, consommateurs...). Une norme est d'application volontaire et contractuelle. Dans certains cas, notamment les domaines liés à la sécurité et les conditions liées aux marchés publics, elle peut être rendue obligatoire[2].

3.3. Les créateurs de référentiels de certification

Les acteurs qui créent les normes ou les labels sont très nombreux. De plus, en dehors des normes sociales proprement dites, il existe des référentiels plus larges qui comportent une dimension sociale. Nous présentons ci-dessous deux États, la France et la Belgique, puis des organismes normalisateurs tels qu'ISO ou l'Afnor, mais aussi l'OIT, SAI (Social Accountability International), IiP (Investor in People), les entreprises elles-mêmes ou encore les syndicats.

Les États

La France a créé le label « égalité professionnelle ». Les entreprises doivent apporter la preuve qu'elles ont mené des actions dans les domaines suivants :

---

1. A. Couret, J. Igalens, H. Penan, *La certification*, coll. « Que sais-je ? », PUF, 1995.
2. J. Igalens, H. Penan, *La normalisation*, coll. « Que sais-je », PUF, 1994.

- information et sensibilisation à la mixité et à l'égalité des dirigeants, des salariés ainsi que de leurs représentants ;
- opérations de communication interne adaptées à la taille de l'entreprise, pour promouvoir la mixité et l'égalité ;
- signature d'un accord d'entreprise dans le domaine de l'égalité professionnelle ;
- actions menées pour renforcer l'égalité d'accès des femmes et des hommes à la formation professionnelle continue ;
- analyse des indicateurs relatifs aux conditions générales d'emploi et de formation des hommes et des femmes dans l'entreprise afin d'établir des indicateurs de progression ;
- politique tendant à la mixité dans les instances de décision (comité de direction, exécutif, stratégique) ;
- actions permettant une articulation de la vie professionnelle et de la vie familiale (aménagement des horaires, conditions de travail, congés parentaux, etc.).

> AXA, EDF, Cetelem, EADS France, PSA, Eurocopter, La Poste, LCL figurent parmi les entreprises labellisées. L'expérience montre que la nécessité d'avoir signé un accord a été un frein pour certaines entreprises candidates.

La Belgique a innové en créant un « label social ». Il s'agit d'un outil offert aux entreprises et aux consommateurs soucieux de promouvoir l'application des droits fondamentaux du travail, c'est-à-dire de huit conventions de l'OIT qui seront évoquées ci-dessous.

> Le premier label social a été décerné à Randstad Belgium, « intermédiaire offrant des solutions de travail flexibles ». Randstad est également la première entreprise belge à avoir obtenu le certificat SA 8000 de Social Accountability International.

Selon Randstad, le label social « comporte un avantage concurrentiel, qui n'est pas limité à la notoriété de la marque, mais qui est aussi lié à la prise de conscience croissante de l'éthique d'entreprise et au fait que les marchés publics, tant européens que nationaux, intègrent de plus en plus des clauses éthiques ». Randstad énonce également comme avantage « la garantie de qualité pour toutes les entreprises associées à ses activités ».

En outre, le label social encourage le partage des valeurs internes et externes de l'entreprise. En d'autres termes, le label social stimule la motivation des travailleurs et le fait qu'ils s'identifient à l'entreprise. Randstad estime que les certificats sociaux ont en tout cas produit un progrès tangible, mentionné dans leur rapport social. Mais, en dépit de ce point de vue, force est de constater que l'exemple de Randstad a été peu suivi. L'une des raisons de ce demi-échec est l'ambition même du label qui couvre toutes les entreprises de la chaîne de production, des matières premières jusqu'au produit fini.

ISO (International Standardization Organization)

Le plus connu des référentiels normatifs est celui de la qualité, c'est-à-dire la norme ISO 9001 (2015). Cette norme, qui sert de base à la certification qualité, a connu de profondes évolutions entre la version de 1994 et celle de 2015. Les versions antérieures à 2015 étaient fondées sur le principe selon lequel « on définit par écrit ce que l'on doit faire, et on fait ce que l'on a écrit ». Cela a conduit à des systèmes qualité très « administratifs », comportant énormément de documents. La version 2015 se situe dans une approche dans laquelle « on définit le niveau de qualification (ou de compétence) nécessaire pour tenir un poste, et on s'assure que les personnes tenant ce poste ont la qualification voulue. Si nécessaire, on met en œuvre des formations. » Cette analyse doit être régulièrement renouvelée. Pour caricaturer, et en poussant les choses à l'extrême, il aurait fallu avec les anciennes versions rédiger un mode opératoire pour l'électricien devant changer un fusible. Avec la version 2015, on définira, par exemple, qu'il faut pour tenir ce poste un diplôme professionnel d'électricité ou cinq ans d'expérience dans un poste d'électricien. Toute personne satisfaisant à cette exigence ayant la compétence nécessaire pour changer le fusible, il est donc inutile d'écrire un mode opératoire – rédiger un rappel sécurité suffit. Il faut néanmoins démontrer que cet électricien a la compétence requise et sait la garder dans le temps.

ISO 9001 (2015) est fondée sur les huit principes suivants :

- 1. l'écoute client,
- 2. le leadership,
- 3. l'implication du personnel,
- 4. l'approche processus,

- 5. le management par une approche système,
- 6. l'amélioration continue,
- 7. l'approche factuelle pour la prise de décision,
- 8. la relation avec les fournisseurs.

La dimension sociale est concernée par les principes 2, 3, 4 (pour les processus de GRH), 6 et 7. Il est donc évident que le travail d'audit du système de gestion de la qualité doit intégrer dans une large mesure l'audit social.

Afnor (Association française de normalisation)

L'Afnor est l'opérateur central du système français de normalisation qui associe les experts, les bureaux de normalisation et les pouvoirs publics. L'Afnor a reçu pour cela des pouvoirs publics une mission d'intérêt général, fixée par le décret du 26 janvier 1984.

En tant qu'animateur central du système de normalisation, l'Afnor recense les besoins en normalisation, élabore les stratégies normatives, coordonne et oriente l'activité des bureaux de normalisation, veille à ce que toutes les parties intéressées soient représentées dans les commissions de normalisation, organise les enquêtes publiques, homologue les normes et promeut les positions françaises aux niveaux européen et international.

OIT (Organisation internationale du travail)

L'OIT est à l'origine d'un référentiel normatif dans le domaine de la sécurité et de la santé au travail, ILO-OSH (2001), ainsi que des conventions qui, sans être de véritables référentiels, sont souvent reprises par des normes privées ou des chartes d'entreprises.

La norme ILO-OSH (2001) prévoit que des dispositions doivent être prises pour effectuer des audits périodiques en vue de déterminer si le système de gestion de la sécurité et de la santé au travail, ainsi que ses éléments, protègent de façon adéquate et efficace la sécurité et la santé des travailleurs et préviennent les incidents.

Elle stipule qu'il convient d'établir une politique et un programme d'audit qui fournissent des indications sur la compétence de l'auditeur, ainsi que sur la portée, la fréquence, la méthodologie de l'audit et la présentation des rapports.

L'audit comprend les éléments suivants :

- politique de sécurité et de santé au travail,
- participation des travailleurs,
- responsabilités et obligations,
- compétences et formation,
- documentation du système de gestion de la sécurité et de la santé au travail,
- communication.

≪ *L'employeur devrait jouer un rôle de premier plan dans les activités relatives à la sécurité et à la santé au travail dans l'organisation et faire le nécessaire pour établir un système de gestion à cet effet. Ce système devrait prévoir les éléments essentiels – politique, organisation, planification et mise en œuvre, évaluation et action en vue de l'amélioration – présentés dans la figure 1. » (Extrait de la norme ILO-OSH 2001.)*

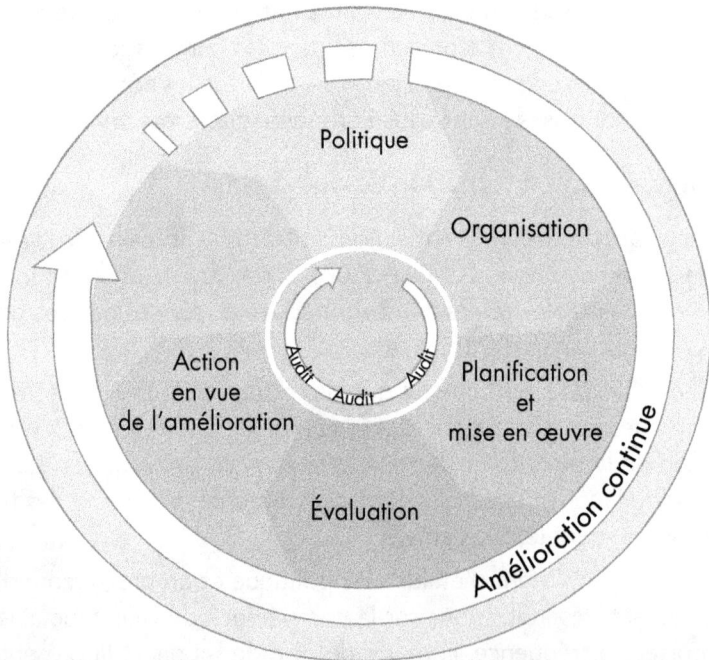

Figure 1 – Éléments principaux du système de gestion de la sécurité et de la santé au travail dans ILO-OSH (2001)

Les huit conventions de l'OIT considérées par le Bureau international du travail (BIT) comme fondamentales couvrent quatre droits : la liberté syndicale (conventions n°s 87 et 98), l'abolition du travail forcé (n°s 29 et 105), la non-discrimination (n°s 111, 100) et enfin l'élimination du travail des enfants (n°s 138, 182).

SAI (Social Accountability International)

La SAI est une émanation du Council on Economic Priorities (CEP), coalition d'églises et d'entreprises américaines. Transformée en société, la SAI a créé en 1997 la première norme adaptée au volet social de la RSE (SA 8000) en s'appuyant notamment sur les conventions de l'OIT et de l'ONU déjà citées, et sur le principe d'amélioration continue que l'on trouve dans la norme ISO 9001.

Aujourd'hui, SA 8000 sert de référentiel normatif pour la certification d'usines dans 55 pays différents et 58 branches. Concernant les exigences, SA 8000 couvre également la santé, la sécurité, les mesures disciplinaires, les heures supplémentaires et la rémunération. La conception de la chaîne de sous-traitance de SA 8000 ne concerne que les fournisseurs directs de l'entreprise.

IiP (Investor in People)

Créé en 1990 à partir d'un partenariat entre des entreprises anglaises et des associations, IiP délivre une certification en matière de management des RH.

En France, IiP est représenté par la chambre de commerce et d'industrie de Montauban.

PRÉSENTATION DE LA CERTIFICATION IiP SUR SON SITE FRANÇAIS

L'objectif de la certification est de permettre à votre entreprise d'avoir une validation externe de ses pratiques en matière de management des ressources humaines.

La certification IiP est validée pour une durée maximum de trois ans. Elle est mise en place pour votre entreprise en association avec :

- un auditeur externe et un auditeur IiP homologué au niveau international et sélectionné par le CQIP (Centre qualité Investors in People France) ;
- une assurance qualité : le CQIP, assure toutes les prestations mises en

...

place pour ajouter de la valeur à votre entreprise dans le cadre de sa démarche ;

• votre interlocuteur qualité : le CQIP, votre interlocuteur principal pour planifier l'audit dans les meilleures conditions pour votre entreprise ;

• une charte graphique pour papier à en-tête et cartes de visite, publications, communication auprès de vos clients, fournisseurs et partenaires.

Source : http://www.iip.fr/accueil.html

Les entreprises

Par extension, on peut considérer que les entreprises créent des normes lorsqu'elles rédigent des codes de conduite des affaires, des codes de déontologie ou des chartes et qu'elles se servent de ces documents écrits comme des référentiels pour orienter l'action de leurs salariés et parfois pour auditer leurs fournisseurs et leurs sous-traitants.

CODE DE CONDUITE DU GROUPE PPR

Présentation par François-Henri Pinault, président de PPR

« Il s'adresse en priorité à tous les salariés de PPR pour leur dire ce que nous attendons d'eux, mais aussi ce qu'ils sont en droit d'attendre du groupe. Mais il s'adresse également à tous ceux (clients, fournisseurs, actionnaires, communauté financière ou pays hôtes, associations et communautés locales) qui demandent aux entreprises comme PPR d'expliquer ce qu'on s'interdit de faire, ce qu'on s'oblige à faire et ce vers quoi nos convictions nous font tendre. »

Dans le même esprit, huit chartes sont présentées sur le site Suez.com, dans la section « Éthique et valeurs ».

Les huit chartes du groupe Suez :

• charte « Nos valeurs, notre éthique »,
• règles d'organisation et de conduite des sociétés du groupe,
• charte sociale internationale,
• charte santé et sécurité au travail,
• guide pratique de l'éthique de la relation commerciale,
• éthique des achats,
• règles de conduite en matière de gestion des informations,
• code de conduite à l'usage des financiers du groupe.

Chacun de ces documents est régulièrement tenu à jour compte tenu de l'évolution de l'environnement juridique ; ainsi le dernier a été entièrement réécrit après la loi américaine Sarbannes-Oxley.

Les syndicats

Même si la chose est mal connue, les syndicats peuvent créer des labels. Ainsi, aux États-Unis, le label « Made in the USA », bien que sous contrôle du ministère du Commerce, est analysé de près par les syndicats, notamment l'Unite, qui regroupe les travailleurs du textile.

En France, suite à la loi du 19 février 2001 sur l'épargne salariale, quatre des cinq confédérations syndicales représentatives[1] ont créé le 29 janvier 2002 le comité intersyndical d'épargne salariale (CIES). Le label du CIES s'applique aux fonds salariaux et exige, entre autres, que l'ensemble des fonds soit géré de façon socialement responsable ; les établissements financiers doivent s'appuyer sur une diversité de sources d'information externes (telles que les agences de notation extra-financière) et posséder des compétences internes en matière d'investissement socialement responsable. Le CIES doit avoir la capacité d'auditer sur place pour vérifier que les engagements pris par les sociétés de gestion pour obtenir le label sont bien respectés.

À côté des syndicats d'employés, les syndicats d'employeurs peuvent également être à l'origine de labels sociaux, c'est le cas des centres d'appels.

LE LABEL DE RESPONSABILITÉ SOCIALE DES CENTRES D'APPELS

Ce label de responsabilité sociale a vu le jour en 2005, sous l'impulsion collective et consensuelle de l'Association française de la relation client (AFRC) et du Syndicat des professionnels des centres de contacts (SP2C), en partenariat avec les principales organisations syndicales nationales, la direction générale de l'Emploi et de la Formation professionnelle (DGEFP) et le ministre de la Cohésion sociale de l'époque, Jean-Louis Borloo. La création *ex nihilo* de ce « Label de responsabilité sociale » couvrant l'ensemble de la chaîne de valeur (donneurs d'ordres, centres de relation client intégrés, centres de relation externalisés) et régi par une gouvernance spécifique (représentativité paritaire, auditeurs indépendants, comité de labellisation, référentiel étalonné) a permis de promouvoir rapidement et auprès du plus grand nombre la dimension sociale du secteur, de valoriser son image et de démontrer la qualité des prestations délivrées.

Ce label a toutefois été assez mal accueilli par les syndicats d'employés, notamment parce qu'il n'a pas freiné les délocalisations.

---

1. CFDT, CFE-CGC, CFTC, CGT.

Synthèse

Les acteurs qui créent les normes ou les référentiels de certification sont très divers et c'est certainement une des conséquences de la mondialisation. Devant les limites géographiques des États-nations dont la souveraineté est limitée à des frontières nationales, les opérateurs économiques en quête de règles se sont tournés vers d'autres sources.

Les organismes normalisateurs nationaux (Afnor) et internationaux (CEN, ISO) constituent des acteurs essentiels mais, d'une part, ils sont assez lents à agir du fait de la recherche de consensus à laquelle ils sont tenus, d'autre part ils ne peuvent couvrir tous les besoins. L'OIT est également une institution centrale pour la production de normes sociales mais elle ne dispose pas des moyens qui lui permettent de s'assurer de l'application des textes qu'elle produit.

Face à ces carences, de nombreuses initiatives privées voient le jour, et elles sont le plus souvent d'origine anglo-saxonne (OHSAS 18000, SA 8000, IIP, etc.). La raison de ce tropisme anglo-saxon provient paradoxalement de l'orientation très nette de ces pays pour une économie libérale dans laquelle l'État intervient le moins possible : la vie des affaires et son volet social s'accommodent mal d'une absence de règles et ce que l'État ne produit pas sur ce sujet est alors pris en charge par des initiatives privées, c'est tout le sens de la *soft law*.

Dans le cas le plus fréquent des entreprises qui produisent les normes qu'elles entendent appliquer dans le domaine social se posent les problèmes liés à la procédure de production, puis au contrôle de l'application de la norme. Il apparaît en particulier que les salariés et leurs représentants, les syndicats, ne peuvent pas rester en dehors de ces processus sans que l'effectivité même de ces normes n'en souffre.

3.4. Les audits de certification

Dans le cadre des processus de certification, les audits sociaux sont des audits de tierce partie, c'est-à-dire qu'ils émanent d'organismes indépendants des entités auditées. Dans certains cas, les auditeurs sociaux sont également indépendants des organismes qui créent les normes, dans d'autres cas, il n'en va pas de même.

L'auditeur social dans le cadre de la certification est un auditeur qui dispose de documents de travail adaptés au référentiel normatif (IiP, SA 8000, etc.), il suit un programme d'audit qui a été établi par l'organisme qui l'emploie, il dispose de guides, de questionnaires, de grilles d'analyse et en général de documents qu'il n'a pas élaborés lui-même. C'est la grande différence avec l'audit social sans visée certificative, pour lequel l'auditeur doit le plus souvent élaborer ces documents lui-même. Nous étudierons le monde des auditeurs sociaux avec plus de détails dans le chapitre 7.

3.5. Les organismes de certification

AFAQ Afnor certification est le premier certificateur en France, et l'un des tout premiers au niveau mondial avec plus de 800 auditeurs. Dans le domaine social, cet organisme certifie aussi bien les systèmes de management santé et sécurité que les services, les personnes ou encore le management de la performance. Au titre du management de la performance, AFAQ Afnor délivre par exemple le label « Égalité professionnelle » que nous avons présenté.

Le rôle principal des organismes certificateurs consiste, au vu des rapports d'audit, à délivrer les labels ou certificats. En principe, les certifications ont une durée limitée (trois ans le plus souvent) et de nouveaux audits sont nécessaires pour conserver la certification. Par ailleurs les normes elles-mêmes évoluent.

Parfois les organismes certificateurs se rapprochent pour créer des normes.

> Dans le cas de la santé et de la sécurité notamment, des organismes tels que le BSI (organisme certificateur britannique), Bureau Veritas, SGS ont créé OHSAS 18001 (Occupation Health and Safety Assessment Series) pour la gestion des systèmes de santé et de sécurité au travail.

Dans le cas du commerce équitable, depuis janvier 2004, la certification et le contrôle ont été confiés à l'entreprise FLO-Cert, créée par la Fairtrade Labelling Organization[1], et cette certification s'effectue dans les conditions définies par la norme ISO 65 (norme de certification européenne accréditant les organismes de certification des produits).

---

1. Créée en 1997, FLO regroupe 17 membres situés en Allemagne, Autriche, Belgique, Grande-Bretagne, Canada, Danemark, Finlande, France, Italie, Irlande, Japon, Luxembourg, Norvège, Pays-Bas, Suède, Suisse, USA. FLO est le seul organisme international de certification du commerce équitable.

FLO-CERT, LA CERTIFICATION DU COMMERCE ÉQUITABLE

Lorsqu'une organisation de producteurs ou une plantation souhaite être certifiée, elle remplit un dossier complet de candidature. FLO-Cert cherche d'abord à comprendre si les « pré-conditions » sont réunies : transparence de gestion et démocratie dans les coopératives, formation d'un comité paritaire pour les plantations, absence d'utilisation des produits chimiques interdits... « Nous ne cherchons pas à tout leur faire réinventer, explique Maïke Höpken, en charge du traitement des candidatures, [...] mais si par exemple ils ne tiennent pas de compte rendu d'assemblée générale, nous leur demandons de le faire. »

Quand l'organisation a fourni ces informations préliminaires, l'un des 54 inspecteurs mandatés par FLO-Cert procède à une inspection initiale sur le terrain. Pendant cinq à dix jours, suivant une procédure précise, il visite les lieux, audite les comptes, s'entretient avec les producteurs ou les travailleurs.

Sur la base de son rapport, la décision reviendra au directeur de FLO-Cert, en concertation avec un comité de certification où sont représentés les producteurs, les acteurs commerciaux, des experts extérieurs et les associations nationales. Le comité examinera de nombreux paramètres, mais privilégiera les structures saines : « La première garantie qui nous semble importante, c'est que les producteurs aient le contrôle de leur organisation. Le monde idéal n'existe pas. La certification est donc souvent assortie de «conditions» mettant en évidence les «marges d'amélioration». [...] Il y a parfois des problèmes, mais nous sommes là pour les identifier et permettre de les résoudre », rappelle Uriel Barrantes, analyste de certification. Dans ce cas, des « inspecteurs de suivi » iront vérifier que la coopérative ou la plantation a bien fait les efforts demandés par le comité de certification pour satisfaire les exigences minimales. Sinon, les inspections suivront leur cours normal, à raison d'une par an.

Extrait du site http://www.maxhavelaar.com/fr

3.6. L'accréditation des organismes certificateurs

L'accréditation est une attestation délivrée par une tierce partie, ayant rapport à un organisme d'évaluation de la conformité et constituant une reconnaissance formelle de la compétence de ce dernier à réaliser des activités spécifiques d'évaluation de la conformité. Alors que la certification est relative à la conformité à une norme, l'accréditation renvoie à la compétence technique d'un organisme certificateur.

En France, c'est le Comité français d'accréditation (Cofrac) qui accrédite les organismes certificateurs.

En Allemagne, c'est le Deutsche Akkreditierungs system Prüfwesen GmbH (DAP) qui accrédite les organismes certificateurs ; ainsi FLO-Cert est accrédité par le DAP.

Le recours à des pratiques d'audit social dans le cadre de la certification est assez simple à comprendre : une entreprise souhaite donner confiance (à un fournisseur, un client, sa direction, voire à ses salariés) en ce qu'elle maîtrise tel ou tel aspect de sa politique sociale et qu'elle s'engage dans une démarche d'amélioration continue. Elle choisit un référentiel normatif adapté, elle s'efforce d'en appliquer les exigences, puis elle fait appel à un organisme certificateur. Sur la base d'un rapport d'audit, cet organisme délivrera le certificat correspondant. En réalité, le degré d'appropriation par les différents acteurs de l'entreprise d'une démarche de certification dépend de sa culture normative. Ce n'est pas la certification par elle-même qui produit des effets positifs, mais la pénétration des concepts associés à la norme dans les attitudes et les mentalités.

Tous les audits sociaux ne se déroulent cependant pas dans le cadre de la certification.

4. Les pratiques d'audit social hors du cadre de la certification

Pour comprendre la pratique de l'audit social hors du cadre de la certification, deux dimensions doivent être prises en compte :

- Dimension horizontale : quel est le périmètre de l'audit ? Deux cas très différents sont à distinguer :
  - Dans le premier cas, il s'agit pour l'auditeur de mener sa mission au sein de l'organisation de laquelle émane l'ordre de mission. Sans qu'il soit utile de préciser à ce stade si l'audit est réalisé par un auditeur interne (salarié de l'entreprise) ou externe (salarié d'un cabinet d'audit), on comprend aisément que l'auditeur mandaté par la direction générale doit, en principe, obtenir sans difficulté majeure le concours des différentes entités auditées.

– Dans le second cas, l'auditeur doit auditer une entité qui ne relève pas de l'autorité de celui qui demande l'audit, c'est l'exemple de l'audit des sous-traitants évoqué ci-dessous par Novethic. C'est aussi le cas des audits préalables à des achats d'entreprise ou à des fusions, lorsque l'acheteur ou l'entreprise qui va fusionner désire obtenir la réponse aux questions qu'il se pose concernant le volet social de l'entreprise cible. L'audit social exercé hors du périmètre de l'organisation qui le sollicite est toujours plus difficile à réaliser, car l'auditeur doit faire accepter la légitimité même de son audit, et le succès de l'audit social repose sur un minimum de collaboration entre auditeur et audités.

L'audit des sous-traitants selon Novethic[1]

L'une des conséquences de la mondialisation est d'avoir transformé radicalement les modes de production de certains secteurs. Le textile ou le jouet, par exemple, font appel à des chaînes de sous-traitants en cascade, quelles que soient les marques. Les usines de fabrication sont, la plupart du temps, situées dans des pays à faible coût de main-d'œuvre, très éloignés de ceux où lesdits produits sont distribués. Cette distance, géographique et économique, a facilité, dans un premier temps, l'ignorance des consommateurs sur les conditions de travail régnant dans ces usines. Progressivement, la situation a changé. Les ONG ont diffusé, le plus largement possible, des informations sur ce qu'on a appelé les *sweatshops* et attaqué les donneurs d'ordre, c'est-à-dire les grandes marques clientes de ces usines.

Face aux mouvements de boycott et à la montée en puissance des interrogations des consommateurs, ces derniers ont mis en place des audits sociaux « délocalisés ». Ils consistent à demander à un auditeur (le plus souvent une entreprise spécialisée ou une ONG) d'aller voir sur place comment les sous-traitants respectent la législation du travail qui s'applique dans leur pays, ainsi que les codes de conduite qu'édictent leurs commanditaires.

Source : www.novethic.fr

• Dimension verticale : à quel niveau d'assurance doit se situer l'auditeur ? Il s'agit de déterminer jusqu'où l'auditeur doit mener ses investigations pour exprimer une opinion. Deux exemples permettent de saisir ce que le concept d'assurance recouvre. En premier lieu, quel que soit le point audité, il est rare qu'un auditeur puisse étudier tous les cas existants. Si l'auditeur s'intéresse au bulletin de paie, il n'examinera qu'un nombre limité de bulletins de paye; si l'auditeur doit poser des

---

1. Novethic est un centre de recherche et d'expertise sur la responsabilité sociétale des entreprises et l'investissement socialement responsable, filiale de la Caisse des dépôts.

questions aux salariés, il ne rencontrera qu'un nombre limité de salariés ; et si, enfin, l'auditeur doit se rendre sur les différents sites de l'entreprise, il se peut qu'il en choisisse certains et qu'il ignore les autres. Ces choix sont guidés par des théories ou de bonnes pratiques (la théorie des échantillons, les pratiques de rotation dans le choix des sites), mais quelles que soient les précautions méthodologiques, le niveau d'assurance dépend de l'étendue des investigations de l'auditeur. En second lieu, pour un thème d'audit donné, la déclinaison en sous-thèmes et en points d'audit dépend aussi des moyens mis à la disposition de l'auditeur et notamment du budget temps dont il dispose. Ainsi, un audit concernant le temps de travail peut être limité aux horaires affichés, ou bien prendre en compte également les horaires réalisés et les différentes modalités d'aménagement du temps de travail, voire les perceptions des salariés à propos de ces modalités ; il apparaît clairement que la qualité de l'opinion exprimée par l'auditeur est différente suivant les cas. Le niveau d'assurance varie de « très faible » à « très élevé », et toutes les situations intermédiaires sont envisageables ; cependant, les professionnels se réfèrent souvent à deux niveaux : assurance modérée et assurance raisonnable.

Tableau 1 – Les divers types d'audit social

Périmètre/Assurance	Assurance modérée	Assurance raisonnable
Périmètre interne	Audit périodique de la GRH.	Audit ponctuel lié à un problème.
Périmètre externe	Audit social de la chaîne d'approvisionnement et de la sous-traitance.	Audit social préalable à l'achat d'entreprise.

Le tableau 1 permet d'illustrer l'articulation de ces deux dimensions à partir des cas les plus fréquents. Rien n'interdit cependant d'envisager également un audit social d'un fournisseur avec un niveau d'assurance supérieur au niveau modéré, dans la mesure où les moyens seraient fournis à l'auditeur.

À partir de ce tableau, il est possible d'exposer la plupart des types d'audits sociaux. Nous présenterons successivement l'audit périodique de la GRH, l'audit ponctuel, l'audit social des fournisseurs et l'audit social préalable à un rachat d'entreprise ou à une opération de fusion-acquisition.

4.1. L'audit périodique de la GRH

Audit social par excellence, l'audit des politiques sociales ou de la GRH correspond à l'audit traditionnel qui a pendant longtemps servi de modèle aux enseignements de l'audit social. Cet audit social peut avoir de nombreuses justifications.

Dans le contexte de la mondialisation, l'entreprise multinationale est dans l'obligation de multiplier des structures industrielles ou commerciales dans différentes parties du monde. Même si des gestionnaires locaux sont responsables de la gestion des opérations, la direction générale ou le DRH central peuvent avoir besoin d'assurance sur le respect des réglementations nationales. On trouve ainsi un premier cas de recours à l'audit social qui est de même nature que lorsque le DRH d'une entreprise française éprouve le besoin de faire le point sur le respect de la législation sociale ou de la bonne application de la convention collective. Il s'agit pour l'essentiel d'audit social dit de conformité (*compliance* dans le monde anglo-saxon).

D'autres contextes justifient des audits périodiques de la GRH. La recherche de gains de productivité, le désir de diminuer les coûts sociaux peuvent entraîner des audits sociaux qualifiés d'audits d'efficacité. La volonté d'aligner les politiques sociales sur la stratégie d'affaires de l'entreprise déclenchera des audits sociaux souvent qualifiés de stratégiques.

Enfin, la recherche permanente d'amélioration ou d'adaptation dans des entreprises en mutation (technologique, commerciale, organisationnelle) se traduit parfois par un besoin d'audit social.

L'audit périodique de la GRH est le plus souvent conduit par les auditeurs internes, car ces derniers établissent chaque année une programmation de leur activité en prenant en compte les risques de toute nature.

Le non-respect des obligations légales, réglementaires ou conventionnelles fait courir des risques financiers et des risques de réputation à l'entreprise. L'existence de tels risques justifie l'audit de conformité.

L'inadaptation des politiques sociales aux attentes des salariés rend probable l'apparition des risques de démotivation, voire de contestation de la part des salariés, risques tels que le turn-over, l'absentéisme, la non-qualité, la hausse du taux des accidents du travail, les conflits sociaux.

Enfin, il existe un risque important et difficile à évaluer, qui consiste à ne pas disposer des ressources humaines dont on a besoin. Ce risque peut s'apprécier quantitativement et qualitativement, il peut aller dans le sens du surplus ou, à l'inverse, dans le sens du déficit. Une entreprise peut connaître des sous-effectifs ou des sureffectifs, voire les deux à la fois dans des unités différentes. Elle peut aussi souffrir de surqualification, de sous-qualification, voire les deux ensemble.

Tous ces risques sont à la base du travail de l'auditeur lorsque l'audit social concerne la GRH et toutes les politiques sociales sont impliquées : emploi, rémunération, formation et développement des compétences, aménagement du temps de travail, relations sociales.

4.2. L'audit ponctuel lié à un problème

Parfois, la mission d'audit social est consécutive à l'apparition d'un problème. On peut donner de nombreux exemples, un taux d'absentéisme jugé trop élevé, des démissions qui se multiplient, une masse salariale qui dérape, des enquêtes d'opinion qui laissent entrevoir un malaise social, des syndicats qui font valoir des revendications qui surprennent la direction, des actions de formation qui ne semblent améliorer ni la qualité ni l'efficacité du travail, des conditions de travail qui se dégradent, des procédures qui ont mal vieilli et ne semblent plus adaptées. On peut également songer aux missions qui ont pour objet non pas les politiques de GRH mais la DRH elle-même, sa composition, ses compétences, son coût, etc.

La mission peut alors faire l'objet d'un audit interne, mais dans la plupart des cas, il s'agira d'un audit externe et cela pour deux raisons :

- les équipes d'audit interne consacrent l'essentiel de leur temps au programme annuel d'audit qui concerne les politiques sociales et l'ensemble des unités. Même si du temps leur est laissé pour des missions ponctuelles, ce temps est réduit ;
- il n'est pas interdit de penser qu'une équipe d'auditeurs externes aura plus de recul pour étudier une situation problématique qu'une équipe d'auditeurs internes.

Il convient de préciser que la différence essentielle entre l'audit social et le conseil en GRH consiste en la mise en œuvre des solutions face à un problème. Même si les méthodes diffèrent, un consultant et un auditeur social confrontés à une situation problématique chercheront l'un et l'autre, par des démarches spécifiques, les causes du problème et les voies de sa résolution. L'un et l'autre s'accorderont pour laisser au client la décision quant à la solution à mettre en œuvre. Cependant, alors que la mise en œuvre constituera souvent une part essentielle de la mission du consultant, l'auditeur social n'y participera pas. L'audit social consiste en effet à observer, à comparer, à analyser, à chercher des preuves, à formuler des jugements au vu de référentiels, mais il ne consiste pas à mettre en œuvre.

C'est une limite qui est parfois mal comprise, car un client (interne ou externe) peut légitimement attendre que, face à un problème, un intervenant s'implique dans la mise en place des recommandations qu'il a formulées : « Vous pensez que je devrais revoir telle procédure, mettre en place un nouvel outil, réformer mes méthodes ; aidez-moi à le faire ou encore mieux, faites-le ! » Il s'agit alors d'une prestation de conseil, d'assistance, parfois de sous-traitance, mais il ne s'agit plus d'un audit social.

La raison de ce qui peut apparaître comme une limite de l'audit tient à la démarche et à l'indépendance de l'auditeur. L'auditeur agit toujours sous la double pression du temps et de l'information : il est « pressé » car il dispose d'un budget-temps qu'il ne doit pas dépasser et il a été formé à la recherche d'éléments déterminants qui lui permettent de porter un jugement relatif à la qualité d'un process, d'un document, d'une politique, etc. Pour atteindre ses objectifs, il va nouer des relations particulières avec les audités qui ne sont pas de même nature que des relations hiérarchiques ; il ne dispose pas d'un statut hiérarchique, même s'il peut, dans le cadre de sa mission, faire valoir des exigences. Toutes ces raisons permettent de comprendre que l'auditeur social sortirait de son rôle s'il s'impliquait dans la mise en œuvre opérationnelle.

4.3. L'audit social de la chaîne d'approvisionnement et de la sous-traitance

Face à la montée en puissance des interrogations de consommateurs, des audits sociaux « délocalisés » se mettent en place, soulevant de nombreux problèmes.

Le premier d'entre eux concerne la conception même de la chaîne de sous-traitance et d'approvisionnement. Doit-on considérer qu'elle s'arrête aux fournisseurs directs, comme dans le cas de SA 8000, ou bien qu'elle descend plus en aval et prend en compte les fournisseurs des fournisseurs, les sous- traitants des sous-traitants, etc. ?

Le deuxième problème concerne les modalités de contrôle des engagements des fournisseurs ou des sous-traitants. Une véritable échelle de modalités diverses se présente, allant du minimum aux modalités les plus complètes :

- niveau 1 : simple notification auprès des fournisseurs et sous-traitants pour les informer des engagements pris par le donneur d'ordre et pour leur demander de respecter eux-mêmes ces engagements ;
- niveau 2 : demande d'engagement écrit ;
- niveau 3 : mission d'inspection, de contrôle ou d'audit social par le donneur d'ordre ;
- niveau 4 : mission d'inspection, de contrôle, d'audit social par une tierce partie ;
- niveau 5 : niveau 4, plus assistance à la mise à niveau du sous-traitant ou du fournisseur.

Les comportements des entreprises varient beaucoup en fonction des secteurs et des pays ; telle modalité adaptée à tel secteur ou à tel pays ne conviendra pas forcément ailleurs.

Le troisième problème concerne la prise en charge des coûts liés à ces opérations ; certains considèrent qu'il s'agit d'une condition d'obtention du marché et exigent que le fournisseur ou le sous-traitant supporte ce coût, tandis que d'autres entreprises du Nord acceptent de supporter ces coûts et de les intégrer à leurs coûts d'approvisionnement.

Le quatrième problème consiste à déterminer les conséquences que l'entreprise du Nord doit tirer d'un non-respect du référentiel par l'entreprise du Sud. Au niveau 5, l'entreprise du Nord peut aider l'entreprise du Sud, on évoque alors des pratiques d'assistance technique et de mise à niveau dans le domaine social (monitoring dans le monde anglo-saxon)[1]. Ces pratiques sont fort peu répandues et dans de nombreux cas, l'alternative est abrupte : c'est tout ou rien. « Rien » signifie qu'au-delà des mises en garde, l'entreprise du Nord continue ses relations d'affaires avec l'entreprise du Sud. « Tout » veut dire qu'elle interrompt brutalement ces relations et ainsi

---

1. Voir sur cette question le travail de l'ONG RH sans frontières, qui intervient en amont de l'audit (http://www.rhsansfrontieres.org).

qu'elle se place en situation de dégrader des conditions de vie et de travail de salariés qu'elle désirait, au contraire, protéger ou améliorer...

4.4. L'audit social préalable à l'achat d'entreprise

Préalablement à une opération d'achat ou de fusion-acquisition, il est devenu indispensable de réaliser un audit social et celui-ci trouve sa place dans le cadre de la due diligence (que l'on peut traduire par audit d'acquisition).

Cet audit peut revêtir des objectifs multiples. L'entreprise qui initie l'opération peut avoir besoin d'une évaluation du « passif social » (de façon plus générale, les normes comptables IFRS/IAS 19 préconisent désormais cette évaluation). Le passif social intègre les engagements de l'entreprise en matière d'indemnités de fin de carrière, de gratifications différées[1], et surtout les régimes de retraite à prestations définies qui peuvent représenter des montants financiers très importants. L'audit des contrats de travail, et notamment des clauses attachées à ceux des dirigeants, se révèle particulièrement utile.

O'Donnel et P. Capblancq proposent une matrice de « due diligence RH » bâtie autour de huit enjeux, les quatre premiers étant relatifs à la phase de valorisation de la cible et les quatre derniers à la phase d'éventuelle intégration[2] :

- risques financiers liés aux passifs sociaux ;
- risques de non-conformité avec la réglementation sociale ;
- coûts liés aux éventuels départs de membres de l'équipe de direction ;
- faisabilité des synergies d'effectif escomptées et coûts de restructuration afférents ;
- identification des ressources clés et les leviers de rétention possibles ;
- harmonisation des systèmes de rémunération ;
- intégration des structures et modes d'organisation ;
- identification des synergies/antagonismes possibles par rapport à une intégration organisationnelle.

---

1. Par exemple, les médailles du travail.
2. « Fusions-Acquisitions. La fonction RH en amont de l'intégration », *Entreprise et Personnel*, document méthodologique n° 241, avril 2004.

Chaque enjeu est précisé par des questions clés. À titre d'illustration figurent ci-dessous les trois questions du dernier enjeu, relatif aux synergies ou antagonismes possibles :

- Quels sont les points communs ou les divergences importantes de la culture d'entreprise ?
- Quels sont les écarts critiques dans les politiques et pratiques de GRH (hors rémunération, car ce thème est traité dans un enjeu antérieur) ?
  - système d'appréciation de la performance,
  - pourcentage de la masse salariale consacré à la formation,
  - nombre d'heures de formation par salarié,
  - existence de *Talent Reviews*,
  - existence d'organigramme de remplacement,
  - ...
- Quelle est la nature des relations avec les partenaires sociaux ?
  - type et positionnement des syndicats représentés,
  - historique des conflits,
  - ...

La matrice propose en colonne les différentes sources d'information auprès desquelles l'auditeur social peut trouver les réponses : cadres dirigeants, bilan social, bulletins de paie, contrats de travail, procès-verbaux de CE, rapports annuels, enquêtes d'opinion interne, etc.

Ainsi, cette matrice est un guide avant fusion-acquisition tout à fait utile à l'auditeur social.

CHAPITRE 2

Démarche et outils de l'audit social

Ce chapitre présente les quatre étapes de la démarche de l'audit social et les principaux outils utilisés en amont de la mission et pendant la mission.

1. Les quatre étapes de la démarche de l'audit social

La démarche de l'auditeur pour mener à bien sa mission suit habituellement quatre étapes : l'engagement de la mission, la préparation de la mission, sa réalisation, la production et la présentation du rapport.

1.1. L'engagement de la mission

Sur ce point, il convient de faire la distinction entre audit externe et interne. L'articulation nécessaire entre audit social interne et audit social externe dépend en partie de la prise en compte des deux types de contrainte que sont le temps et la compétence : les missions importantes qui ne peuvent être programmées par manque de temps ou de compétences des auditeurs internes sont confiées à des auditeurs externes.

Audit externe

L'audit externe repose sur un contrat d'entreprise, c'est-à-dire un contrat qui possède les caractéristiques suivantes :

- la tâche des auditeurs est nettement définie ;
- la rémunération est forfaitaire ;
- l'autorité du cabinet d'audit sur les auditeurs est maintenue durant la mission ;

- l'indépendance de l'auditeur dans l'exécution de l'audit est garantie ;
- une obligation de résultat.

Le dernier point pose le délicat problème de la responsabilité de l'auditeur social externe. A minima, cette responsabilité implique que l'auditeur remette un rapport d'audit. Mais, au-delà, s'ouvre le vaste champ encore peu exploré de la responsabilité de l'auditeur social. Pour mieux en comprendre l'ampleur, il est intéressant de s'appuyer sur les auditeurs financiers indépendants qui utilisent la formulation suivante :

« *Notre responsabilité est d'exprimer une opinion sur les états financiers sur la base de notre audit. Nous avons effectué notre audit selon les normes internationales d'audit. Ces normes requièrent de notre part de nous conformer aux règles d'éthique et de planifier et de réaliser l'audit pour obtenir une assurance raisonnable que les états financiers ne comportent pas d'anomalies significatives.*

Un audit implique la mise en œuvre de procédures en vue de recueillir des éléments probants concernant les montants et les informations fournies dans les états financiers. Le choix des procédures relève du jugement de l'auditeur, de même que l'évaluation du risque que les états financiers contiennent des anomalies significatives, que celles-ci résultent de fraudes ou d'erreurs. En procédant à ces évaluations du risque, l'auditeur prend en compte le contrôle interne en vigueur dans l'entité relatif à l'établissement et la présentation sincère des états financiers, afin de définir des procédures d'audit appropriées en la circonstance, et non dans le but d'exprimer une opinion sur l'efficacité de celui-ci. Un audit comporte également l'appréciation du caractère approprié des méthodes comptables retenues et le caractère raisonnable des estimations comptables faites par la direction, de même que l'appréciation de la présentation d'ensemble des états financiers[1]. »

Cet extrait met en évidence que la responsabilité de l'auditeur externe repose sur quatre points :

- le respect des règles d'éthique,
- la planification de la mission,
- le choix des procédures,
- l'évaluation du risque.

L'engagement de la mission d'audit externe repose le plus souvent sur une « lettre de mission » qui définit avec précision le thème et les motifs de

---

1. Source : CNCC-IBR/CC-DSCH.

la mission, les attentes du client, les principaux enjeux et les principaux risques. La lettre de mission précise le périmètre de la mission, tant du point de vue des entités auditées, des périodes concernées, que des exclusions ou extensions désirées.

Audit interne

L'auditeur social interne agit dans un cadre différent, il intervient le plus souvent dans le cadre de la programmation annuelle des missions d'audit interne. Cette programmation est établie à partir de la cartographie des risques ou d'une évaluation des risques réalisée au moins une fois par an, des objectifs de l'organisation, des préoccupations d'actualité et des éventuelles demandes en provenance des responsables opérationnels.

La cartographie des risques consiste en une démarche systématique et méthodique, conduite en principe par les risk managers, les directions opérationnelles et les responsables de l'audit interne, et qui a pour objectifs :

- d'inventorier les risques de toute nature en fonction de leur criticité ;
- d'identifier les zones à risques (lieux, process, etc.) ;
- d'apprécier la vulnérabilité de l'organisation.

Cette évaluation repose sur une démarche méthodique qui a pour but de recenser les risques de toute nature et les lieux (fonctions, pays, entités physiques) où ces risques ont le plus de chances d'apparaître.

En principe, on peut conduire une évaluation des risques sociaux à partir de deux critères, la probabilité et la gravité. Un risque peut être présent mais latent, la probabilité qu'il dégénère en conséquences dommageables est calculée si possible objectivement, sinon elle est évaluée subjectivement par des experts. L'évaluation des dommages potentiels sert à apprécier la gravité.

La vulnérabilité de l'organisation peut parfois être représentée sur une carte avec l'utilisation de symboles différents par nature de risque, la taille du symbole étant proportionnelle à la probabilité et la couleur appropriée à la gravité. Ainsi, les zones à risques apparaissent clairement et peuvent permettre d'établir une planification des missions prioritaires.

Si l'on désire se rapprocher des auditeurs financiers, on peut également distinguer les risques inhérents, les risques de contrôle interne et les risques de non-détection :

- le risque inhérent est fonction du secteur d'activité, du personnel employé, de la complexité des opérations, de l'intégrité du management, de l'histoire de l'entreprise et de ses choix d'organisation ;

- les risques de contrôle interne sont ceux qui peuvent conduire à l'apparition d'une faute ou d'une fraude en dépit des procédures de contrôle mises en place. Pour la GRH, ces risques sont souvent en rapport avec la fiabilité des systèmes d'information des ressources humaines ;

- le risque de non-détection (ou risque propre à l'auditeur) correspond à une appréciation erronée de la part de l'auditeur sur l'orientation ou l'étendue des vérifications qu'il est susceptible de conduire dans sa mission.

En plus de l'analyse des risques, d'autres éléments sont à prendre en compte pour la planification des missions d'audit, et notamment une certaine rotation selon les entités de telle sorte que les auditeurs internes « rendent visite » assez régulièrement à chaque directeur opérationnel ou fonctionnel. Ainsi la planification des missions tiendra compte des activités ou des entités pour lesquelles :

- les enjeux sociaux et financiers sont les plus importants ;

- les risques sont les plus graves ou les moins maîtrisés ;

- les risques sont mal connus.

Il s'agira également de respecter deux contraintes : les limitations dues aux compétences techniques des auditeurs internes et celles relatives aux ressources mises à leur disposition.

L'engagement d'une mission d'audit interne repose sur un ordre de mission. Ce document, relativement court, est signé par l'un des dirigeants, directeur général ou président, et il comporte tous les éléments nécessaires à l'identification précise de la mission d'audit : origine, thème, objectif, champ d'application, chef de mission, auditeurs, ressources allouées, etc.

Bien qu'il n'existe pas de modèle, un ordre de mission peut se présenter sous la forme ci-dessous.

ORDRE DE MISSION

Émanant de : le président de la société Altamater

Date : 10 novembre 2015

Objet : audit de la GPEC

Destinataires : DG, DRH de la société Altamater

L'audit de la GPEC de notre société a pour objectif de s'assurer de la fiabilité des prévisions d'effectifs, de la qualité des référentiels métiers, de la maîtrise des process concernant les variations d'emploi, les mutations et notamment les redéploiements au sein de la société.

Exclusion : la formation professionnelle, le budget formation

Période observée : 2010-2014

La mission se déroulera du 2/01/16 au 31/01/16

Chef de mission : X et un auditeur junior

1.2. La préparation de la mission

La préparation d'une mission d'audit social comporte une dimension conceptuelle et des aspects pratiques.

Sur le plan conceptuel, il s'agit de préciser les motifs et les attentes avec les différents responsables, de confirmer les enjeux et les risques, puis de fixer des objectifs réalistes et précis.

Sur le plan pratique, il s'agit d'arrêter les dates de la mission avec les responsables concernés, de constituer l'équipe et de bâtir le calendrier de la mission.

Avant d'intervenir dans l'entreprise, l'auditeur social externe doit collecter et analyser l'ensemble des informations disponibles sur celle-ci. De nombreuses sources sont à sa disposition :

* législation ou règlements connexes ; informations juridiques telles que statuts, organes sociaux, institutions représentatives du personnel, informations sociales telles que conventions collectives applicables, accords d'entreprise, bilan social d'entreprise et/ou d'établissement, rapports sociaux, rapports de développement durable ;
* politiques, procédures, normes, manuels et directives ;
* résultats de vérifications ou d'audits antérieurs (indispensables dans le cas de l'audit interne), organigrammes ;

- descriptions de fonctions et instruments de délégation ;
- listes des membres clés du personnel ;
- plans ou diagrammes des processus et des systèmes ;
- données et rapports opérationnels et financiers ;
- procès-verbaux ou comptes rendus des réunions du CE, du CCE, du CHSCT, du comité européen ou de groupe, etc. ;
- évaluations des risques ;
- études ou rapports de la direction, informations de la presse nationale, régionale, journaux ou presse d'entreprise, informations figurant sur les sites internet et intranet.

Afin de confirmer la compréhension de l'entité auditée, il est recommandé dans le cas de l'audit social de préparer un résumé de l'unité ou de l'activité faisant l'objet de l'audit et de le présenter sous la forme d'un profil. Ce profil peut contenir des renseignements contextuels utiles pour préparer les documents de planification de la mission. Le profil de l'entité (ou de l'activité) doit être passé en revue avec les responsables afin de confirmer si l'auditeur externe comprend bien les activités de l'entité vérifiée.

L'auditeur interne dispose souvent d'une connaissance partielle de ces différents éléments, car s'il appartient à l'entreprise qu'il audite, il ne connaît pas forcément chacun de ses établissements ou chacune de ses filiales. En revanche, il dispose de plus grandes facilités pour rassembler ces informations, et il peut constituer des profils relatifs à chacune des entités auditées dans le passé, de sorte que la préparation d'une nouvelle mission s'appuie sur des éléments déjà connus.

Parmi les documents qui nous semblent particulièrement utiles pour la préparation de la mission de l'auditeur social opérant sur une société de droit français figurent le bilan social et les informations relatives au volet social et environnemental qui se trouvent dans le rapport annuel. Dans le cas de sociétés qui ne sont pas de droit français, les informations figurant dans le rapport de développement durable peuvent jouer un rôle comparable ; nous évoquerons à ce sujet les principes directeurs de la Global Reporting Initiative (GRI).

L'analyse du bilan social

Ce document récapitule les principaux résultats de l'entreprise et de chacun de ses établissements de plus de 300 salariés[1]. Il comporte sept chapitres constitués d'un nombre variable de rubriques[2] :

- emploi : effectifs, travailleurs extérieurs, embauches au cours de l'année considérée, départs, chômage, handicapés, absentéisme ;
- rémunérations et charges accessoires : montant des rémunérations, hiérarchie des rémunérations, mode de calcul des rémunérations, charges accessoires ;
- conditions d'hygiène et de sécurité : accidents de travail et de trajet, répartition des accidents par éléments matériels, maladies professionnelles, comité d'hygiène et de sécurité, dépenses en matière de sécurité ;
- autres conditions de travail : durée et aménagement du temps de travail, organisation et contenu du travail, conditions physiques de travail, transformation de l'organisation du travail, dépenses d'amélioration des conditions de travail, médecine du travail, travailleurs inaptes ;
- formation : formation professionnelle continue, congé formation, apprentissage ;
- relations professionnelles : représentants du personnel, information et communication, procédures ;
- autres conditions de vie relevant de l'entreprise : œuvres sociales.

Chaque rubrique comporte un nombre variable d'indicateurs, composés d'une douzaine de données et présenté pour trois années consécutives : $n-1$, $n-2$, $n-3$.

Ainsi, la rubrique relative aux accidents de travail et de trajet est composée de sept indicateurs :

- 311. Taux de fréquence des accidents de travail :
  - nombre d'accidents avec arrêt,
  - nombre d'heures travaillées,
  - nombre d'accidents avec arrêt × 1 000/nombre d'heures travaillées.

---

1. Pour une analyse détaillée du bilan social, voir J. Igalens & J.-M. Peretti, *Le Bilan social de l'entreprise*, coll. « Que sais-je ? »,-PUF, 1997.
2. L'exemple développé correspond au cas des indicateurs du bilan social d'établissement des secteurs industriels et agricoles (annexe B de l'arrêté du 8 décembre 1977).

- 312. Taux de gravité des accidents de travail :
  - nombre de journées perdues,
  - nombre d'heures travaillées,
  - nombre de journées perdues × 1 000/nombre d'heures travaillées.

Ces deux indicateurs sont fournis pour les catégories suivantes : ingénieurs et cadres, ETAM (employés, techniciens et agents de maîtrise), ouvriers. Le total des trois catégories est demandé.

- 313. Nombre d'incapacités permanentes (partielles et totales) notifiées à l'établissement au cours de l'année considérée en distinguant français et étranger.
- 314. Nombre d'accidents mortels en distinguant les accidents de travail et de trajet.
- 315. Nombre d'accidents de trajet ayant entraîné un arrêt de travail.
- 316. Nombre d'accidents dont est victime le personnel temporaire ou de prestation de services dans un établissement.
- 317. Taux et montant de la cotisation Sécurité sociale (accidents du travail).

Les indicateurs du bilan social constituent, pour l'auditeur social, une source d'information privilégiée. Dans la phase de préparation de la mission, une analyse bien menée lui permet de prendre rapidement connaissance des principaux résultats des politiques sociales. Ce document présente cependant deux limites : il ne comporte que des indicateurs « objectifs » et ne permet donc pas de connaître les perceptions des acteurs de l'entreprise. Il est limité aux entreprises de plus de 300 salariés implantées sur le territoire français.

L'analyse des informations relatives au volet social, sociétal et environnemental

Ces informations doivent être fournies par toutes les sociétés cotées sur un marché financier français (environ 950). Cette obligation a été introduite par l'article 116 de la loi concernant les nouvelles régulations économiques, dite NRE, du 16 mai 2001, complétée et élargie en 2012.

Un décret d'application a défini la nature des informations à communiquer dans le rapport annuel ; nous ne reproduisons ci-dessous que celles qui concernent le volet social :

1.a. L'effectif total, les embauches en distinguant les contrats à durée déterminée et les contrats à durée indéterminée et en analysant les difficultés éventuelles de recrutement, les licenciements et leurs motifs, les heures supplémentaires, la main-d'œuvre extérieure à la société ;

1.b. le cas échéant, les informations relatives aux plans de réduction des effectifs et de sauvegarde de l'emploi, aux efforts de reclassement, aux réembauches et aux mesures d'accompagnement ;

2. l'organisation du temps de travail, la durée de celui-ci pour les salariés à temps plein et les salariés à temps partiel, l'absentéisme et ses motifs ;

3. les rémunérations et leur évolution, les charges sociales, l'application des dispositions du titre IV du livre IV du Code du travail, l'égalité professionnelle entre les femmes et les hommes ;

4. les relations professionnelles et le bilan des accords collectifs ;

5. les conditions d'hygiène et de sécurité ;

6. la formation ;

7. l'emploi et l'insertion des travailleurs handicapés ;

8. les œuvres sociales ;

9. l'importance de la sous-traitance.

Le rapport expose de plus la manière dont la société prend en compte l'impact territorial de ses activités en matière d'emploi et de développement régional.

Il décrit, le cas échéant, les relations entretenues par la société avec les associations d'insertion, les établissements d'enseignement, les associations de défense de l'environnement, les associations de consommateurs et les populations riveraines.

Il précise l'importance de la sous-traitance et la manière dont la société promeut auprès de ses sous-traitants et s'assure du respect par ses filiales des dispositions des conventions fondamentales de l'Organisation internationale du travail.

Il précise en outre la manière dont les filiales étrangères de l'entreprise prennent en compte l'impact de leurs activités sur le développement régional et les populations locales.

L'auditeur social peut donc trouver dans cette partie du rapport annuel de nombreux éléments pour préparer sa mission. Le champ d'application légal limité dans un premier temps, en 2013, à la société cotée, est progressivement élargi. Les sociétés qui fournissent ces informations consolident les chiffres de leurs filiales. Ainsi, même si de nombreuses rubriques ressemblent aux rubriques du bilan social d'entreprise, la prise en compte des salariés travaillant dans les filiales non françaises en fait une source non redondante avec le bilan social.

La Global Reporting Initiative (GRI)

La GRI définit des principes guides pour la publication de rapports de développement durable. Environ 1 500 entreprises dans le monde suivent, le plus souvent partiellement, ses recommandations dans leur rapport de développement durable.

Dans le domaine social et des droits de l'homme, la GRI propose des indicateurs de base (ou *core indicators*) :

- emploi : LA1, nombre total de salariés, par type de contrat et par région ; LA2, roulement du personnel par âge, sexe et région ;
- relations sociales : LA4, pourcentage de salariés couverts par une convention collective ; LA5, période minimale d'information préalablement à des changements organisationnels majeurs ;
- hygiène et sécurité : LA7, taux d'accidents du travail, maladies professionnelles, nombre de jours d'arrêt, absentéisme, et nombre de décès par région ; LA8, formation professionnelle, counseling, programmes de prévention et de contrôle des risques mis en place pour venir en aide aux salariés, à leur famille et à la communauté en cas de catastrophe ;
- formation et éducation : LA10, nombre moyen d'heures de formation par salarié et par catégorie ;
- diversité et égalité professionnelle : LA13, composition des organes de gouvernance et décomposition des salariés par catégories relatives au sexe, à l'âge, à l'appartenance à des groupes minoritaires et selon d'autres indicateurs de diversité ; LA14, rapport des salaires de base des hommes comparativement à celui des femmes ;
- droits de l'homme : approvisionnement et investissements : HR1, pourcentage et nombre total de contrats d'investissement comprenant des clauses relatives aux droits de l'homme ou ayant fait l'objet d'une procédure de sélection en fonction des droits de l'homme ; HR2, pourcentage de fournisseurs significatifs et de sous-traitants ayant été sélectionnés en fonction de leur respect des droits de l'homme et des

actions réalisées à ce sujet ; non-discrimination : HR4, nombre total de discriminations et actions réalisées à ce sujet ; liberté d'association et droit de conclure des accords : HR5, opérations identifiées dans lesquelles le droit d'exercer la liberté d'association et de conclure des accords peut comporter des risques et actions menées pour défendre ces droits ; HR6, opérations identifiées dans lesquelles l'interdiction du travail des enfants peut être mise en cause et actions menées ; HR7, opérations identifiées dans lesquelles l'interdiction du travail forcé peut être mise en cause et actions menées à ce propos.

L'approche de la mission par les indicateurs sociaux offre un grand intérêt, car souvent, ces indicateurs sont bien définis par les textes, notamment pour le bilan social et la GRI. Ensuite, ces indicateurs devant être consolidés, ils sont souvent disponibles pour chaque entité. Ainsi, l'auditeur social peut assez rapidement brosser un portrait social de l'entité concernant l'emploi, la formation, l'hygiène et la sécurité, la diversité, les relations sociales. Ce portrait, à gros traits, lui permet de définir l'orientation de sa mission. Cette dernière consiste à identifier les procédures d'audit qu'il entend suivre compte tenu des résultats des études préalables qu'il a menées. Le plus souvent, l'orientation de la mission repose sur un plan d'approche et se traduit par un planning. Le plan d'approche consiste à découper la mission ou le processus en éléments simples (la paie, le recrutement, les augmentations individuelles par exemple), qui peuvent être des sous-ensembles du processus. Il faut pouvoir coupler chaque élément simple à un objectif opérationnel, une réponse, un contrôle, etc.

1.3. La réalisation de la mission

La réalisation de la mission d'audit social s'articule pour l'essentiel autour de la construction puis de la validation du référentiel, de la détermination des objectifs d'audit et de la recherche de preuves d'audit.

Le référentiel

Le référentiel constitue ce qui « doit être » : une bonne pratique, un bon résultat, une bonne règle, etc. L'auditeur va confronter le réel (« ce qui est ») au référentiel (« ce qui doit être »). Telle pratique d'augmentation, tel ratio d'effectif ou telle règle sont-ils conformes au référentiel ?

Comment construire un référentiel d'audit social ? La réponse dépend essentiellement du type d'audit. Il existe des audits sociaux de conformité, des audits sociaux d'efficacité et l'audit social stratégique.

Dans le cas de l'audit de conformité, les référentiels d'audit social reposent sur deux piliers : la législation internationale et nationale applicable, les règles internes que le groupe ou l'entité se sont données. L'auditeur devra rassembler les textes applicables, analyser ces textes pour en extraire les obligations et préparer ainsi le référentiel qui lui permettra de conduire sa mission. Ce travail de préparation s'effectue en partie en cabinet (ou au sein du service) et en partie sur le terrain. Il est grandement facilité par l'accès aux différentes bases de données juridiques : Lextenso, Dalloz, etc.

Dans le cas de l'audit d'efficacité, le référentiel décrit précédemment peut constituer une base de départ car, dans le domaine social, la non-conformité fait courir des risques à l'entreprise – risques de pénalités, de réputation, de dégradation des relations sociales et du climat social. Mais l'efficacité ne se réduit pas à la conformité, la notion de « bonnes pratiques » vient s'ajouter à l'ensemble des règles déjà enregistrées.

Les « bonnes pratiques » sont plus difficiles à collecter dans le domaine social et notamment dans le domaine de la GRH. On peut, en premier lieu, se poser la question de savoir si les « bonnes pratiques » sont universelles, c'est-à-dire si elles sont valables pour toutes les entreprises, quels que soient leur taille, leur secteur d'activité ou leur région d'activité. Certains auteurs le pensent, et de nombreux ouvrages de GRH ou de management proposent des « façons de faire », des procédures, voire des outils qui conviendraient à toutes les organisations. D'autres auteurs plaident au contraire pour une forte contextualisation des pratiques relatives aux RH. La vérité est probablement entre les deux, et si certaines pratiques semblent universelles, car obéissant à des principes de pure logique, d'autres sont, à l'évidence, dépendantes de nombreux facteurs. L'auditeur social ne peut éviter cette question qui se pose pour lui avec plus d'acuité que pour d'autres types d'audits opérationnels.

Le référentiel d'efficacité comporte de nombreux indicateurs : indicateurs d'activité, indicateurs de moyens, indicateurs d'efficacité et indicateurs d'efficience.

Quel que soit le type d'audit, l'auditeur social doit faire valider son référentiel avant d'entreprendre l'étape suivante consacrée à la détermination des objectifs d'audit.

La détermination des objectifs d'audit

Les objectifs d'audit permettent de fixer des objectifs aux vérifications en fonction de l'appréciation du contrôle interne. Lorsqu'il n'existe pas de contrôle interne, c'est en fonction de l'analyse des risques que l'auditeur détermine les objectifs d'audit. Ces derniers doivent être cohérents avec les objectifs de la mission et ils en constituent une déconstruction logique.

Un objectif d'audit est souvent exprimé par un verbe d'action tel que : s'assurer, vérifier, confirmer, corroborer.

La procédure d'audit est constituée par le meilleur moyen pour atteindre un objectif d'audit, c'est-à-dire qu'elle comprend les vérifications indispensables qui doivent être clairement décrites. Les documents à étudier, les informations qu'il convient d'en extraire, les indicateurs à contrôler (souvent par vérification croisée), les calculs à refaire pour vérification, constituent autant d'exemples qui, mis bout à bout, forment une procédure d'audit.

La recherche de preuves d'audit

J. Renard, dans un ouvrage consacré à l'audit interne[1] rappelle la célèbre classification du théoricien américain de l'audit, L. Sawyer, pour qui il existe quatre types de preuve : physique, testimoniale, documentaire et analytique.

Par la preuve physique, l'auditeur social voit, constate. La réalité de conditions de travail peut ainsi être constatée par une visite des ateliers, mais encore ne faut-il pas être abusé par ses sens car, par exemple, la sensation de chaud ou de froid dépend tout autant de la pièce d'où l'on sort que de la pièce dans laquelle on entre, et rien ne vaut un thermomètre...

Par la preuve testimoniale, l'auditeur recueille un témoignage. L'entretien que l'auditeur pratique couramment peut ainsi l'amener à obtenir des informations qu'il n'aurait pu avoir par un autre moyen. Quelle crédibilité attacher à ces informations ? Évidemment, il n'y a pas de réponses absolues, et tout dépend des circonstances, des interlocuteurs, de leurs intérêts. Tel le journaliste qui cherche à obtenir deux fois la même information par des sources non connectées entre elles, l'auditeur social cherchera à corroborer une information en la croisant avec d'autres.

La preuve documentaire offre bien des attraits, car elle est tangible et reproductible dans un rapport d'audit mais, au fond, elle souffre également

1. J. Renard, *Théorie et pratique de l'audit interne*, Éditions d'Organisation, 2002.

de son statut : de quel type de document s'agit-il, émane-t-il d'une source crédible, est-on certain de le comprendre sans ambiguïté, etc. ?

Enfin, la preuve analytique est souvent celle qui ressort des calculs, des croisements, des procédures de validation auxquels s'est livré l'auditeur. Elle a en tant que telle la force de ces procédures, c'est-à-dire qu'elle peut être solidement établie aussi bien que fragile.

Aucun moyen de preuve n'est à négliger mais, dans ce domaine, l'audit est un art avant d'être une science : rien n'est jamais définitivement prouvé. Dans sa démarche itérative, l'auditeur s'arrête lorsqu'il a atteint un degré raisonnable de certitude. L'expérience de l'auditeur n'est pas à négliger, car elle exerce souvent une influence importante sur cette démarche de recherche de preuve.

1.4. La production et la présentation du rapport

Le rapport final d'audit social contient les résultats de la mission d'audit ; pour le prescripteur, ce rapport est à la base des décisions et des actions à entreprendre. Du point de vue de l'auditeur rédacteur du rapport, son autorité et sa responsabilité sont susceptibles d'être engagées. Aussi, compte tenu de l'importance de ce document, il n'est pas surprenant qu'il soit relativement normé sur la forme et sur le fond.

Concernant la forme, les normes professionnelles précisent que « la communication doit être exacte, objective, claire, concise, constructive, complète et émise en temps utile » (norme 2420). Exacte signifie sans erreur, objective renvoie essentiellement à l'absence d'influence ou de parti pris personnel. La clarté se conçoit en référence avec le style, le rapport comporte des phrases courtes. Les affirmations sont dénuées d'ambiguïté et le rapport est généralement synthétique. Il permet de décider (constructif) et ne comporte pas d'omission (complet) ; enfin « en temps utile » signifie rapidement !

Pour P. Candau, « l'exactitude signifie non seulement la précision, mais aussi la fiabilité : le rapport doit être factuel et s'attacher uniquement aux points les plus importants observés par l'auditeur. La clarté suppose qu'une progression logique soit suivie, que le lecteur sache dès l'introduction où le rapport le conduira, et que les phrases utilisées évoquent le plus souvent les idées d'efficacité et de rentabilité[1]. »

---

1. P. Candau, *L'Audit social : méthodes et techniques*, Vuibert, 1985.

Une structure possible peut être la suivante :

- une note de synthèse comprenant le rappel du contenu de l'ordre de mission, les conclusions, les points forts, les problèmes ayant fait l'objet de développements, l'opinion de l'auditeur sur le contrôle interne ;
- les conclusions de la mission rapportées aux objectifs de la mission ;
- les feuilles d'analyse des problèmes classées dans un ordre approprié ;
- le relevé des problèmes ou des non-conformités mineures ;
- le relevé des points forts, retour d'expérience, etc. ;
- le plan d'action, ordre de priorité suggéré ;
- les annexes et les développements particuliers.

L'une des particularités du rapport d'audit social est que, sauf exception, il est d'abord présenté aux audités, qui peuvent faire valoir leurs appréciations sur son contenu et notamment sur les propositions qu'il contient (le plan d'action). Il fait ensuite l'objet d'une diffusion qui peut partir du comité d'audit (au sein du conseil d'administration) pour atteindre la direction générale, le demandeur et le management opérationnel.

2. Les outils d'audit social

L'auditeur social, en tant qu'auditeur opérationnel, dispose des outils traditionnels de l'audit, mais sa spécialisation relative à la gestion sociale le conduit également à être familiarisé avec les outils de la GRH, tant il est vrai qu'il semble impossible d'auditer une fonction ou des opérations si l'on ne maîtrise pas les techniques de gestion qui la composent.

Parmi les outils d'audit utilisés en amont de la mission, les plus courants sont les questionnaires de prise de connaissance (QPC), les questionnaires de contrôle interne (QCI), et les plans d'échantillonnage. Nous étudierons dans un premier temps ces différents types d'outils.

Ensuite, nous fournirons des exemples d'outils utilisés pendant la mission, notamment le tableau de répartition des responsabilités et le *flow-chart*, ou diagramme de circulation des documents.

2.1. Les outils utilisés en amont de la mission

Les questionnaires de prise de connaissance (QPC)

La prise de connaissance est l'une des étapes les plus importantes d'une mission d'audit. Sa durée varie en fonction de différents éléments : complexité du sujet, profil de l'auditeur, existence d'audits antérieurs...

Cette prise de connaissance s'organise autour de plusieurs objectifs : avoir dès le départ une bonne vision d'ensemble des contrôles internes, identifier les problèmes essentiels, ne pas tomber dans des considérations abstraites ou secondaires et, surtout, permettre l'organisation des opérations d'audit.

Les informations à récolter peuvent être regroupées en différents thèmes :

- contexte structurel de l'entité auditée,
- structure et organisation internes de l'entité auditée,
- organigramme et relations de pouvoir, notamment les délégations,
- environnement informatique,
- contexte réglementaire,
- processus et procédures,
- système d'information : communication interne et externe,
- problèmes passés ou en cours,
- réformes en cours ou prévues.

Le questionnaire de prise de connaissance est destiné à préparer l'arrivée sur le site de l'auditeur social et la première réunion, la réunion de lancement. Il consiste à demander des informations, des documents, ou bien à faire préparer des informations et des documents dont l'auditeur prendra connaissance in situ, cette demande préalable permettant de gagner du temps. En général, les questions sont courtes et appellent des réponses précises et non de longs développements.

Tableau 2 – Exemple de QPC préalable à un audit de la GPEC

Objectif : connaître les outils de la GPEC et leurs applications Destinataire : .. Demande de (auditeur) : ..		
Questions	**Réponses**	**Commentaires**
1 Nombre de familles d'emploi ?		
2 Existe-t-il un référentiel de compétences ?		
3 Logiciel de prévision d'effectif ?		
4 Degré d'association des partenaires sociaux ?		
Demande de préparation de documents : - prévisions de départs à la retraite pour les années 2016, 2017, 2018, 2019 et 2020 ; - pyramides d'âges et d'ancienneté au 1er janvier 2016 ; - trois derniers rapports de GPEC ; - documents présentés aux IRP ; - plans de formation des dix dernières années et taux de réalisation de ces plans.		

Les questionnaires de contrôle interne (QCI)

Le questionnaire de contrôle interne a pour objectif d'orienter les travaux de l'auditeur vers les objectifs de la mission, et notamment les opérations les moins bien maîtrisées.

Pour construire un QCI, l'auditeur se demande préalablement à son arrivée sur le site si les dispositifs, les contrôles qu'il va trouver sont pertinents, efficaces, efficients pour maîtriser les risques inhérents aux process qu'il audite, pour atteindre les objectifs opérationnels (un recrutement par exemple) dans de bonnes conditions.

Le QCI comporte cinq questions fondamentales qui permettent de regrouper l'ensemble des interrogations concernant les points de contrôle :

- Qui ? Questions relatives à l'opérateur qu'il faut identifier avec précision pour déterminer quels sont ses pouvoirs. Pour répondre à ces questions, on utilise les organigrammes hiérarchiques et fonctionnels, les analyses de postes...

- Quoi ? Questions relatives à l'objet de l'opération, quelle est la nature de la tâche, quelle est la nature du produit fabriqué, du contrôle.
- Où ? Concerne les endroits où se déroule l'opération.
- Quand ? Questions relatives au temps : début, fin, durée, périodicité...
- Comment ? Questions relatives à la description du mode opératoire, comment se réalise la tâche.

Tableau 3 – Exemple d'un QCI pour l'application d'une procédure

Objectif du QCI : QQOQC					
Interlocuteur :					
Opération ou dispositif :					
N°	Questions	oui	non	n.a.	Commentaires
1	Votre activité fait-elle l'objet d'une procédure ?				Si non, décrivez vos opérations habituelles.
2	Connaissez-vous cette procédure ? Est-elle formalisée ?				Veillez à qualifier la disponibilité, le niveau de connaissance, etc.
3	Appliquez-vous cette procédure ?				Si non, pourquoi ? Les exceptions sont-elles prévues dans la procédure ?
4	Qui est responsable de la vérification de l'application de la procédure ?				Vérifiez le cas échéant l'effectivité de l'autocontrôle.
5	Comment s'effectuent ces vérifications ? Délais, opérations de vérifications, etc.				
6	Disposez-vous d'une liste des opérations ?				

Les plans d'échantillonnage

L'auditeur aura recours aux techniques d'échantillonnage statistiques lorsqu'il n'aura pas le temps ou les moyens pour mener à bien une analyse exhaustive de l'information dont il dispose. La première étape de sa démarche consiste à choisir une méthode d'échantillonnage en fonction du problème étudié et de l'information dont il dispose. Après avoir constitué son échantillon, il analyse et évalue les résultats obtenus sur celui-ci. Parfois, il utilise des échantillons de petite taille et abandonne l'objectif de « représentativité » au profit de la diversité.

Les techniques de sondage

Le recours aux techniques de sondage ne s'avère utile que lorsque le nombre d'éléments à examiner (salariés à interroger, bulletins de paie à examiner, accidents à analyser, etc.) est supérieur à 100. Au-dessous, et sauf dans le cas particulier des petits échantillons, il vaut mieux prétendre à l'exhaustivité. Il convient d'être conscient que l'extrapolation des résultats obtenus sur l'échantillon à l'ensemble des éléments audités entraîne toujours des erreurs : erreur d'échantillonnage, erreur d'observation, erreur d'interprétation.

Les méthodes d'échantillonnage

Deux types de techniques sont à envisager en audit social : les sondages aléatoires et les sondages par choix raisonnés.

Pour pratiquer un sondage aléatoire, on détermine en pratique la taille de l'échantillon, puis on « tire » de façon régulière les unités de l'échantillon dans la population. Dans le cas le plus courant, l'échantillon au dixième, on choisit au hasard le premier élément de l'échantillon parmi les dix premiers éléments de la population mère, supposons le n° 2, puis on prend l'élément qui se situe dix rangs plus loin, le n° 12, puis le n° 22, le n° 32, etc. On peut également pratiquer par grappes si les éléments sont susceptibles d'être classés par catégorie, par exemple des catégories socioprofessionnelles. Il convient ainsi de considérer chaque catégorie comme un univers à part entière et d'effectuer dans chacune d'entre elles un échantillonnage séparé, par exemple un échantillon de cadres, un échantillon d'employés et un échantillon de gradés pour une banque.

La seconde technique, le sondage par choix raisonné, repose sur la méthode des quotas, elle consiste à reproduire dans l'échantillon, le plus fidèlement possible, certaines caractéristiques jugées essentielles par l'auditeur.

Taille de l'échantillon

La taille de l'échantillon a une incidence sur l'erreur d'échantillonnage, mais il existe un point au-delà duquel la valeur du supplément d'information obtenu grâce au tirage d'une unité supplémentaire est inférieure au coût du prélèvement. En pratique la taille dépend :

- du niveau de confiance exigé, souvent 95 %,
- de la limite de précision requise,
- de la nature du paramètre estimé.

Cependant, dans certains cas, la taille de l'échantillon est fixée a priori, en fonction du budget-temps dont dispose l'auditeur. C'est notamment le cas des petits échantillons. Dans le domaine des audits de climat social (qui portent également d'autres noms : enquêtes, observatoires, sondages d'opinion, etc.), il s'agit d'interroger un petit nombre de salariés pour recueillir un matériau verbal de « ce qui se dit » dans l'organisation[1]. Il est conseillé d'agir en trois étapes :

1. définir avec le DRH les facteurs significatifs pour rendre compte de la diversité des opinions (facteurs personnels et facteurs organisationnels) ;
2. construire un plan d'expérience de type « carré latin et gréco-latin »[2] ;
3. choisir aléatoirement un individu pour chacun des profils définis.

Ainsi, la question de l'échantillonnage est une question importante que l'auditeur social doit maîtriser parfaitement.

2.2. Les outils utilisés pendant la mission

Après avoir préparé sa mission, l'auditeur, sur le terrain, va puiser dans une nouvelle panoplie d'outils. Le plus important d'entre eux est l'entretien,

---

1. Pour de plus amples développements, voir J. Igalens., *Audit des ressources humaines*, Liaisons, 2002.
2. Un carré latin est un tableau carré de *n* lignes et n colonnes remplies de *n* éléments distincts, dont chaque ligne et chaque colonne ne contient qu'un seul exemplaire. Un carré gréco-latin est un tableau carré de *n* lignes et *n* colonnes remplies avec n^2 paires distinctes, dont chaque ligne et chaque colonne ne contient qu'un seul exemplaire.

mais il aura également recours à l'observation sous toutes ses formes, ainsi qu'à la représentation des circuits de documents.

L'entretien et l'observation

L'entretien dans le cadre de l'audit social peut être différent selon les étapes et les objectifs d'audit. On peut distinguer des entretiens individuels et des entretiens de groupe ; on peut également opposer des entretiens ayant pour objectif d'obtenir des informations précises sur des données, des process, des habitudes de travail et des entretiens orientés vers du vécu, des perceptions, des opinions des personnes interrogées.

L'entretien de groupe peut faire gagner du temps lorsqu'il s'agit d'un groupe naturel (un service, une équipe) et que, les audités étant très interdépendants ou polyvalents, les réponses des uns complètent celles des autres ; mais le plus souvent, l'entretien est individuel sous la forme d'un face-à-face. La question de l'environnement de l'entretien revêt également une grande importance, le choix du lieu, de l'horaire, de la langue n'est en effet pas neutre.

Dans de nombreux cas, l'auditeur doit veiller à la confidentialité de l'entretien et il doit garantir l'anonymat de ses sources. Cela est particulièrement important chaque fois que des situations personnelles sont en jeu, dans le cas d'un audit du climat social, par exemple, ou encore d'un audit du personnel d'un fournisseur ou d'un sous-traitant.

La préparation de l'entretien dépend de son objet. Ainsi, préalablement à un entretien individuel durant la phase qualitative d'un audit du climat social, l'auditeur préparera un guide d'entretien comportant des questions assez générales et peu implicantes pour ne pas « heurter » l'audité. Il aura parfois besoin d'un questionnaire précis lorsqu'il rencontrera des salariés pour effectuer un audit de la chaîne de sous-traitance, et pourra même utiliser une liste précise de points à aborder dans le cadre d'un audit de conformité.

La nécessité de l'observation est une évidence pour l'auditeur social, qu'il s'agisse de conditions de travail, de climat social, de respect de règles de droit de travail ; l'auditeur est avant tout un observateur curieux.

Mais, comme pour l'entretien, une bonne observation se prépare surtout chez l'auditeur junior, car l'auditeur expérimenté peut avoir développé de véritables réflexes professionnels qui lui permettent d'observer systématiquement ce qui doit l'être avec naturel et sans concentration particulière.

Observer des conditions de travail, par exemple, c'est déjà être conscient de la multidimensionnalité de celles-ci, et donc savoir qu'il existe des facteurs de charge physique, mentale, de nombreux paramètres environnementaux (bruit, température, pollution, etc.), mais aussi des problèmes éventuels liés aux équipements personnels ou collectifs, des gestes ou des postures qui usent, des facteurs aggravants dus à la répétition ou aux horaires.

L'observation peut également être indirecte, la connaissance des incidents, des accidents ou la simple fréquentation de l'infirmerie peuvent informer indirectement sur les conditions de travail. L'observation de la distribution et de l'aménagement des espaces peut aussi fournir des pistes d'investigation concernant les relations hiérarchiques, sans toutefois perdre de vue que l'auditeur croise en permanence les informations qu'il recueille, et qu'il recherche des preuves.

Le diagramme de circulation des documents ou *flow chart*

Le diagramme est un tableau qui permet de visualiser des flux de traitement de l'information et de documents ; il permet de voir d'où ils proviennent, qui les saisit, les traite, les vérifie, les stocke. En plus de l'avantage de pouvoir visualiser de nombreuses opérations sur un même document, le diagramme permet des vérifications, par exemple :

- Tous les exemplaires ont-ils un destinataire ?
- Les appariements de documents et d'informations sont-ils conformes ?
- Les vérifications sont-elles effectuées à l'endroit approprié ? Etc.

Bien que l'informatisation et la numérisation de nombreux documents soient en passe de diminuer la pertinence du diagramme de circulation de documents, les exigences de son formalisme contribuent à la bonne formation intellectuelle de l'auditeur.

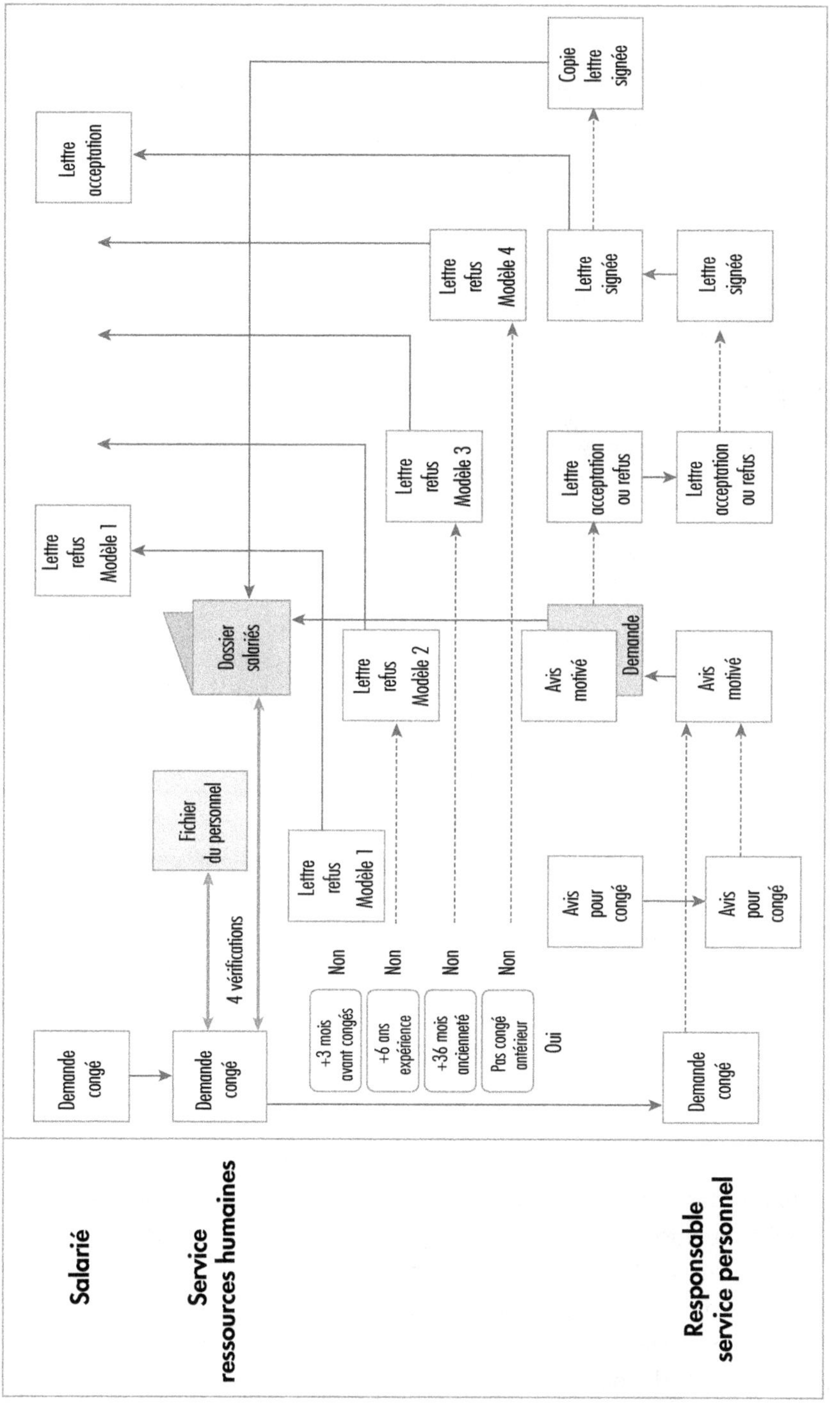

Figure 2 – Processus d'octroi d'un congé de formation

Tableau 4 – Exemple de circuit de demande d'un congé formation

N°	Tâches
1	À réception de la demande du salarié, vérifier la date (sa demande doit être faite au moins 3 mois avant son éventuel départ en congé). Si la demande est tardive, envoyer une lettre de refus (modèle 1).
2	Vérifier à partir du fichier informatique du personnel : a) que le salarié a au moins 6 années d'expérience professionnelle, sinon lettre de refus (modèle 2) ; b) qu'il a au moins 36 mois d'ancienneté dans l'entreprise, sinon lettre de refus (modèle 3) ; c) qu'il n'a pas déjà bénéficié d'un congé de 6 mois au cours des 6 dernières années passées dans l'entreprise, sinon lettre de refus (modèle 4).
3	Si l'ensemble de ces conditions sont remplies (a + b + c), transmettre la demande du salarié accompagnée de l'imprimé Avis pour congé de formation au responsable du service du personnel.
4	À partir de l'avis formulé par le responsable, préparer : - une lettre de rejet de la demande (avec indication du motif) ; - ou une lettre d'acceptation.
5	Faire signer la lettre au responsable.
6	Envoyer la lettre en recommandé avec accusé de réception.
7	Archiver une copie de la lettre envoyée au salarié (quelle que soit la réponse).
Matériel pédagogique mis en ligne par l'académie de Rennes : http://www.ac-rennes.fr/pedagogie/espaceeg/prodpeda/specialites/aca/cedo/diagram/diagram.htm.	

Synthèse

Les outils de l'audit social sont très variés. Certains supposent de la part de l'auditeur des qualités comportementales telles que la capacité d'écoute, de reformulation. D'autres font appel à ses capacités d'analyse ou de synthèse, mais pour l'essentiel, ces outils doivent être inscrits dans une démarche rigoureuse, ce qui signifie qu'ils trouvent leur place dans un programme de travail précis. Chaque outil est utilisé pour atteindre un objectif préalablement défini.

CHAPITRE 3

Les audits de la fonction RH

Les missions d'audit de la fonction RH ont pour objectif de vérifier si elle accomplit ses différentes missions et répond aux exigences et attentes de ses clients, internes et externes, et des diverses parties prenantes. Les missions d'audit de la fonction RH se situent aux trois niveaux de la conformité, de l'efficacité et de la stratégie.

1. Le champ des audits de la fonction RH

Les audits de la fonction RH concernent chacune de ses principales missions et permettent d'évaluer sa capacité de répondre aux attentes de ses clients internes et externes.

1.1. Les quatre missions de la fonction RH

L'audit de la fonction ressources humaines (FRH) permet de répondre à des questions concernant ses quatre principales missions (selon la typologie classique proposée par D. Ulrich).

- La gestion administrative du personnel : la FRH est-elle fiable et en conformité avec les textes dans la mise en œuvre de la gestion administrative des RH ? Est-elle efficace ? Est-elle efficiente en termes de moyens et de coûts ? Utilise-t-elle au mieux les apports des technologies de l'information et de la communication et des nouvelles technologies de la relation pour gagner en qualité, en productivité et en efficacité ?

- Le développement de l'engagement des salariés : la FRH est-elle efficace dans le développement de la motivation, de l'implication et de l'engagement des salariés ? A-t-elle élaboré des procédures adaptées ? Ces procédures sont-elles conformes à la règlementation ? Sont-elles effectives ? sont-elles efficaces ?

- la mission de partenaire stratégique : la FRH est-elle un partenaire stratégique performant sur lequel la direction générale peut s'appuyer en amont (élaboration de la stratégie) et en aval (mise en œuvre) ?
- L'accompagnement du changement et des transformations : la FRH est-elle acteur du changement, accompagnant les dirigeants, les managers et les salariés dans toutes les étapes de la conduite et la réalisation des changements ?

1.2. Les attentes des clients de la FRH

Les dirigeants, les salariés, les managers et les représentants des salariés ont des attentes fortes et les audits de la FRH permettent de vérifier qu'elle est capable d'y répondre convenablement.

Les audits peuvent également porter sur la prise en compte les attentes de ses clients externes et de plusieurs parties prenantes, les pouvoirs publics, les actionnaires, les prestataires externes, les organisations professionnelles par exemple. Ces audits s'inscrivent principalement dans le cadre des audits de la RSE, à l'exception de ceux portant sur les attentes des administrations et des organismes sociaux pour le respect des obligations légales, réglementaires et conventionnelles.

Les attentes des clients internes concernent chacune des missions.

Pour la mission « gestion administrative du personnel », les audits vérifient si la FRH répond aux attentes de chacun des clients internes :

- Les salariés attendent une grande fiabilité de leur gestion administrative (notamment la paie et les congés) et aussi une grande réactivité dans la prise en compte de leurs demandes et réclamations. Parmi les indicateurs utilisés :
  - taux de réclamations relatives à la paie,
  - taux de réclamations de la part des salariés, des managers,
  - taux de satisfaction des salariés pour leur gestion administrative,
  - taux de réclamations transmises par les DP,
  - nombre de retards relatifs à la paie,
  - délai moyen de traitement des réclamations.
- Les dirigeants ont des attentes de qualité, de fiabilité, de productivité et de coût. Indicateurs de productivité et de coût :

– effectif de la FRH sur l'effectif total (ou effectif total/effectif de la FRH). Compte tenu du recours variable à l'externalisation de la paie et de la gestion administrative, les comparaisons entre entreprises doivent être interprétées avec prudence ;

– coût de la FRH par salarié (ensemble des coûts de la FRH y compris les achats de prestations externalisées/nombre de salariés) ;

– rapport entre le coût de la FRH et la masse salariale globale ;

– indicateurs de fiabilité et de qualité :

– nombre d'observations de la part de l'inspection du travail ;

– taux de réclamations de la part des salariés, des managers ;

– taux d'anomalies pour la paie.

• Les représentants du personnel sont exigeants sur le respect de l'ensemble des règles légales et conventionnelles, le bon fonctionnement des instances du dialogue social et la qualité des informations qui leur sont communiquées. Parmi les indicateurs utilisés :

– nombre d'observations formalisées sur le respect des délais ;

– nombre d'observations formalisées sur la qualité des informations fournies ;

– nombre de procédures engagées.

Pour la mission « développement de l'engagement des salariés », les attentes sont principalement à deux niveaux, les salariés et leur encadrement :

• L'auditeur examine si la FRH répond aux attentes des salariés. Les indicateurs utilisés peuvent être :

– des indicateurs subjectifs à travers les enquêtes d'engagement réalisées ;

– le taux de présence dans l'entreprise des pratiques dont l'impact positif sur l'engagement a été démontré. Le référentiel utilisé est la grappe des « bonnes pratiques favorisant l'engagement » ;

– la satisfaction exprimée par les salariés sur les bonnes pratiques existantes.

• L'auditeur examine également si la FRH répond aux attentes de support de la part des managers de proximité, en première ligne pour développer l'engagement de leurs collaborateurs. Les indicateurs utilisés peuvent être :

– la satisfaction exprimée par les managers sur les outils créés par la FRH pour les aider à développer l'engagement de leurs collaborateurs ;

– la satisfaction exprimée par les managers sur l'aide apportée par la FRH pour les aider à régler les difficultés rencontrées ;

– des entretiens de groupe avec des managers permettent de recueillir les informations utiles sur ces indicateurs.

Pour la mission « partenaire stratégique », l'auditeur examine si la FRH répond aux attentes de la direction générale. Des entretiens avec la DG et les principaux dirigeants permettent de vérifier si la FRH est un partenaire stratégique performant sur lequel elle peut s'appuyer en amont (élaboration de la stratégie) et en aval (mise en œuvre). À travers l'analyse des documents de l'entreprise présentant la stratégie globale et son volet RH, l'auditeur peut également identifier les points forts et les points faibles du partenariat stratégique.

Pour la mission « accompagnement du changement et des transformations », l'auditeur examine également si la FRH répond aux attentes des managers directement concernés par la mise en œuvre de ces changements. Les indicateurs utilisés peuvent être :

• la satisfaction exprimée par les managers sur les méthodes de conduite du changement mises en œuvre ;

• la satisfaction exprimée par les managers sur l'aide apportée par la FRH à chaque étape de la démarche de conduite du changement.

1.3. Les trois niveaux d'audit de la FRH

Les missions d'audit de la FRH concernent la conformité, l'efficacité et la stratégie.

Les audits de conformité permettent d'apprécier la conformité des pratiques de la FRH aux règles d'origine légale ou conventionnelle, externes ou internes à l'entreprise, à appliquer. Les audits portent sur les nombreux points susceptibles d'alimenter des contentieux, d'entraîner des sanctions, financières ou pénales, de réduire la confiance organisationnelle, de dégrader le climat social ou l'image de l'entreprise. Chaque nouvelle obligation légale ou conventionnelle, chaque nouvel accord signé, chaque nouvelle norme, chaque engagement discrétionnaire pris, chaque label obtenu pour une période, nécessitent le recours à des audits de conformité pour vérifier si la FRH permet de remplir les obligations correspondantes.

Les audits d'efficacité permettent de répondre à deux questions : les résultats obtenus sont-ils conformes aux objectifs fixés ? Les résultats ont-ils été obtenus au moindre coût ? L'audit d'efficacité contribue à améliorer la qualité et la productivité de la FRH.

Les audits stratégiques permettent de vérifier si la FRH est structurée et organisée pour participer convenablement à la conception et la mise en œuvre du volet RH de la stratégie de l'organisation. L'auditeur évalue les compétences aux différents niveaux de la FRH au regard des politiques et pratiques à mettre en œuvre. Le niveau de professionnalisme de l'ensemble des hommes et des femmes RH est-il satisfaisant compte tenu des chantiers à réaliser ?

Les audits stratégiques répondent à la question : la FRH permet-elle de réaliser les objectifs stratégiques de l'organisation ? La structure et les compétences des membres de la FRH permettent-elles de mettre en œuvre l'ensemble des choix stratégiques et des politiques RH ? L'audit de conformité permet d'apprécier la conformité des pratiques de l'entreprise aux règles applicables – internes ou externes, légales ou conventionnelles – et de porter un jugement sur la qualité des informations et des processus.

2. L'audit de la gestion administrative du personnel

Avec la montée des enjeux et la complexité croissante des normes et règles, la nécessité d'audits réguliers de la gestion administrative du personnel s'est imposée. Les directions générales commanditent quatre types de missions d'audit des activités opérationnelles d'administration du personnel.

2.1. Les audits de conformité

L'évolution du cadre réglementaire et la normalisation croissante suscitent la demande de nouveaux audits de conformité. Les directions souhaitent que soit garantie la conformité des pratiques de gestion administrative du personnel avec l'ensemble des dispositions applicables. La FRH assure-t-elle l'administration des RH dans le respect des règles en vigueur ?

Chaque nouvelle obligation nécessite des audits. En 2016, par exemple, la FRH doit mettre en œuvre les nouvelles dispositions de la loi sur la formation tout au long de la vie, les nouvelles règles du dialogue social, la DSN et bien d'autres innovations dans un contexte de transformation digitale. La capacité de la fonction RH à se restructurer, à redéployer ses compétences, à se perfectionner pour garantir la conformité est essentielle.

Les audits de conformité ont plusieurs objectifs :

- Réduire les risques encourus en cas de non-respect de dispositions légales, réglementaires, conventionnelles, contractuelles et discrétionnaires, notamment celles assorties de sanctions. La direction générale souhaite en particulier que le risque pénal découlant de certaines non-conformités soit totalement éliminé. Les domaines concernés dans l'administration RH sont nombreux avec la pénalisation croissante du droit du travail. La jurisprudence est riche de contentieux coûteux, aussi bien financièrement qu'en termes d'image. Ils auraient pu être évités par le recours régulier à des audits sociaux dans les domaines les plus sensibles. Identifier les principales zones de risques permet de déterminer les audits prioritaires. À partir des résultats d'un audit, il est possible de réduire les risques identifiés. Chaque année, en France, de nouveaux textes légaux ou réglementaires nécessitent de réaliser des missions d'audit appropriées.

- Garantir à toutes les parties prenantes concernées que l'entreprise respecte l'ensemble des règles en vigueur et des engagements pris. Les actionnaires, et en particulier les ISR (investisseurs socialement responsables), sont eux aussi soucieux d'investir dans des entreprises qui agissent en conformité avec le cadre réglementaire. Les risques et les coûts de la non-conformité sont perçus comme pouvant menacer la performance financière de l'organisation.

- Garantir la qualité des informations RH utilisées dans les décisions de gestion. La qualité des décisions, opérationnelles, quotidiennes ou stratégiques, repose sur la pertinence et la fiabilité des informations disponibles. Les dirigeants ont besoin de tableaux de bord sociaux réguliers pour piloter les organisations. Pour prendre des décisions stratégiques, ils ont besoin d'études sociales souvent approfondies reposant sur des données fiables. L'auditeur vérifie la disponibilité, la fiabilité et la pertinence des informations fournies aux décideurs.

Si le risque est au cœur de la conformité, l'efficacité est marquée par l'atteinte des objectifs fixés préalablement, et l'efficience par la mesure des ressources engagées à cet effet.

2.2. Les audits d'efficacité

La FRH réalise-t-elle l'ensemble des activités opérationnelles prévues ?

Tous les domaines de l'administration RH sont concernés. Les principales missions concernent l'atteinte des objectifs et le respect des délais. De nombreux audits portent sur le SIRH et sa capacité à fournir les informations et les documents nécessaires dans les délais prévus :

- L'atteinte des objectifs opérationnels est auditée dans les différents domaines de l'administration RH : le nombre prévu de recrutements, de bilans de carrière, d'entretiens professionnels, de pesées de poste, d'actualisation des fiches emploi, de mobilités internes, a-t-il été réalisé ? Certaines actions programmées ont-elles été abandonnées faute de temps et de moyens ? Les dispositifs nouveaux, nécessaires pour appliquer de nouvelles règles ou des décisions de politiques internes, ont-ils été élaborés et diffusés ?

- Le respect des délais en gestion des ressources humaines est un point essentiel. L'entreprise agile réduit les temps de réponse de la FRH aux demandes des opérationnels, souvent formulées dans l'urgence. Ainsi, en cas de pénurie de personnel dans un service, les délais pour réaliser un redéploiement, une mobilité interne, un recrutement externe ou l'adoption d'une mesure alternative (intérim, sous-traitance...) ont une importance stratégique. L'auditeur vérifie la capacité de l'organisation à répondre de façon optimale à son besoin dans les délais réduits au minimum.

L'audit du SIRH porte sur sa contribution à l'accomplissement dans les délais de toutes les activités d'administration RH et sur la qualité des informations disponibles. L'auditeur vérifie si toutes les informations sont disponibles et permettent les analyses pour un diagnostic et des recommandations.

2.3. Les audits d'efficience

La FRH est-elle suffisamment productive dans la réalisation de ses tâches administratives, globalement et dans chaque domaine ?

L'audit global d'efficience repose sur des référentiels sectoriels, nationaux et internationaux. Deux indicateurs sont principalement utilisés :

- Le ratio effectif FRH/effectif entreprise est assez facile à calculer et on peut disposer des référentiels de données d'enquêtes nationales et internationales. Il faut cependant, avant toute comparaison, vérifier les définitions retenues et les postes intégrés en contrôlant en particulier la prise en compte du personnel de paie, d'informatique RH, de certains services sociaux et sanitaires, de la communication interne... Notons que le développement de l'externalisation modifie le ratio d'une entreprise sans pour autant en améliorer automatiquement l'efficience. L'entreprise qui externalise de façon croissante des activités de la FRH réduit progressivement son ratio, sans faire pour autant des gains de productivité et des économies financières.

- Le coût complet de la FRH par salarié intègre toutes les charges de la fonction, y compris les factures des prestataires externes assumant des tâches d'administration du personnel.

Les audits par activité concernent de nombreux domaines. Le coût de la paie (bulletin de salaire + déclarations annuelles), intégrant les salaires du personnel dédié, l'amortissement des progiciels et leur maintenance, et les frais généraux du service, est comparé à celui des différentes propositions d'externalisation. Le coût du recrutement, décomposé pour les différentes étapes, est également suivi dans le temps et comparé avec celui d'autres entreprises ou de la sous-traitance. Le coût de la gestion des temps, de la gestion de la formation, de la gestion de composantes de la rémunération et d'avantages sociaux est également audité. Ces calculs servent de base à l'arbitrage entre externalisation et traitement interne de l'activité. Le coût par activité peut être suivi par le ratio coût/masse salariale.

2.4. Les audits stratégiques

Deux orientations stratégiques pour assurer le meilleur service RH aux clients internes peuvent faire l'objet de missions confiées à l'auditeur social :

- L'audit de l'e-RH : l'auditeur vérifie si l'entreprise bénéficie pleinement de tous les apports des nouvelles technologies de la relation (NTR) pour améliorer sa productivité et réduire ses coûts. En particulier, la disparition des opérations de saisie dans les services RH grâce à une saisie directe par les salariés concernés a-t-elle été poussée aussi loin que possible dans le contexte de l'entreprise ? Existe-t-il encore des supports papier saisis dans les services RH ? La gestion de la formation (convocations, édition des listes...) est-elle sur papier ? Etc.

- Les audits de l'externalisation de tout ou partie de la fonction RH nécessitent pour l'auditeur de répondre à quatre questions :
  - L'externalisation permet-elle de réaliser les tâches selon les modalités définies dans le cahier des charges ?
  - Le coût complet (achat de la prestation, coût interne résiduel, amortissement des coûts liés au changement...) est-il inférieur au coût précédent et conforme aux devis initiaux ?
  - L'externalisation permet-elle à l'entreprise d'améliorer substantiellement et régulièrement ses processus RH ?
  - Existe-t-il des risques dus à la dépendance à l'égard du prestataire (perte de compétence, dépendance technologique, opacité des process, irréversibilité...) ?

3. L'audit des autres missions de la FRH

Deux approches sont envisageables pour auditer la performance de la FRH dans l'accomplissement de ses trois missions de partenaire stratégique, d'acteur du changement et de pilote de la motivation :

- interroger les clients internes sur leur degré de satisfaction ;
- auditer l'ensemble des pratiques et outils RH susceptibles de contribuer au succès pour chacune de ces missions.

3.1. La satisfaction des clients internes

L'auditeur interroge les clients internes (direction générale, responsables opérationnels, salariés, représentants du personnel) sur leur perception de l'efficacité de la FRH pour les trois missions suivantes :

- La FRH est-elle efficace dans le développement de la motivation, de l'implication et de l'engagement des salariés ? Ce sont alors les salariés et leurs managers qui sont sollicités pour évaluer l'efficacité de la FRH. Les enquêtes d'opinion portant sur le degré de motivation des salariés, globalement ou par catégories, apportent un élément de réponse. Les enquêtes portent également sur certaines pratiques dont l'impact sur la motivation est reconnu. Les managers sont invités à évaluer l'appui que la FRH leur apporte pour favoriser la motivation de leurs collaborateurs.

- La FRH est-elle un partenaire stratégique performant sur lequel la direction générale peut s'appuyer en amont (élaboration de la stratégie) et en aval (mise en œuvre) ? L'auditeur interroge la direction générale sur sa perception du rôle stratégique de son DRH auprès d'elle. Les principaux dirigeants sont également sollicités sur l'aide de la FRH à la résolution de leurs problèmes opérationnels. Par exemple :

  - Dans des activités de recherche et développement, la FRH est-elle support de la créativité et de l'innovation ?

  - Dans des activités industrielles, la FRH apporte-t-elle sa contribution à l'amélioration de la qualité ?

- La FRH est-elle acteur du changement ? Accompagne-t-elle efficacement les dirigeants, les managers et les salariés dans la conduite et la réalisation des changements ? Tous les clients internes sont interrogés sur cette mission. Les audits font souvent ressortir un niveau élevé d'insatisfaction chez les managers dont les attentes sont fortes. Ainsi, concernant le recrutement, l'intégration et la fidélisation, la FRH aide-t-elle les managers à réussir la diversité et à s'adapter aux évolutions ?

3.2. L'audit des politiques et pratiques de la FRH

L'auditeur peut utiliser, en complément des enquêtes de satisfaction, des investigations sur les politiques et pratiques mises en œuvre par la FRH pour remplir ces missions.

Mission « développement de la motivation »

Pour la mission « développement de la motivation », l'auditeur examinera les pratiques existantes parmi celles dont l'impact sur la motivation a été mis en évidence.

L'auditeur recense les pratiques mises en place par la DRH pour développer la motivation dans l'entreprise. Il utilise comme référentiel la grappe des pratiques qui favorisent un haut degré de motivation. Il s'interroge notamment sur les points suivants :

- L'entreprise offre-t-elle à ses salariés des possibilités d'expression sur l'organisation du travail et sur son amélioration ? Existe-t-il des systèmes d'innovation participative ? L'encadrement est-il évalué sur ses capacités d'écoute ?
- L'évolution des postes de travail, l'enrichissement et l'élargissement des activités, la mobilité interne permettent-ils aux salariés un développement régulier de leurs compétences et un renouvellement permanent de l'intérêt pour le travail ?
- Les salariés adhèrent-ils à une vision de leur entreprise qui les conduise à se mobiliser ? Quelles actions de communication sont réalisées ?
- L'organisation du travail et les conditions de vie au travail sont-elles en permanence améliorées pour répondre aux attentes des salariés ?
- Le développement des compétences permet-il à chaque salarié de maîtriser son poste et de progresser ?
- Le partage des profits (intéressement, participation, actionnariat) est-il satisfaisant ?

Sur chacun de ces points, l'auditeur étudie les pratiques et en évalue l'efficacité.

Mission « partenaire stratégique »

Pour la mission « partenaire stratégique », l'auditeur examine la participation effective du DRH aux instances stratégiques : Comex, Codir, comités stratégiques. Il vérifie que le DRH dispose d'un système de veille et d'information lui permettant d'évaluer les conséquences RH de différentes options stratégiques. En particulier, l'auditeur s'assure que la DRH est effectivement intervenue en amont lors du lancement d'opérations de fusions-acquisitions, d'études de partenariats ou d'implantations de filiales à l'étranger, de redéfinition du portefeuille d'activités... De nombreux audits ont fait ressortir que certains risques RH et coûts cachés liés à des stratégies de délocalisation n'avaient pas été pris en compte du fait d'une implication insuffisante de la DRH dans le processus de décision.

Mission « acteur du changement »

Pour la mission « acteur du changement », les missions d'audit portent sur la pertinence et l'efficacité des outils conçus par la FRH pour aider la hiérarchie opérationnelle dans la mise en œuvre des changements. Ainsi, lorsque des changements technologiques imposent l'acquisition de nouvelles compétences individuelles et collectives, l'auditeur vérifie si tous les outils mis à la disposition des responsables opérationnels et des salariés y contribuent efficacement. L'actualisation permanente des savoirs dans l'entreprise répond-elle aux enjeux ?

CHAPITRE 4

L'audit de la gestion de l'emploi et des compétences

Les politiques et pratiques de gestion de l'emploi et des compétences nécessitent de nombreux audits. En effet, l'importance des obligations réglementaires, les défis du management des compétences dans un contexte de révolution numérique, de changements démographiques et socioculturels, d'intensité concurrentielle et de fluctuations d'activité expliquent le développement des audits de la gestion de l'emploi et des compétences.

Les principales missions d'audit de la gestion de l'emploi et des compétences concernent la conformité, l'efficacité et la stratégie :

- Les audits de conformité permettent d'apprécier la conformité des pratiques aux règles nombreuses, diverses et souvent strictes, d'origine légale ou conventionnelle, externes ou internes à l'entreprise, à appliquer dans le champ de l'emploi et de la formation. Les audits portent sur les nombreux points susceptibles d'alimenter des contentieux, d'entraîner des sanctions, financières ou pénales, de réduire la confiance organisationnelle, de dégrader le climat social ou l'image de l'entreprise.

- Les audits d'efficacité permettent de répondre à deux questions : les résultats obtenus sont-ils conformes aux objectifs fixés ? Les résultats ont-ils été obtenus au moindre coût ? L'audit d'efficacité contribue à améliorer la pertinence et la qualité des pratiques de gestion de développement du capital humain.

- Les audits stratégiques répondent à deux préoccupations : les politiques de gestion de l'emploi et de développement des compétences sont-elles en ligne avec les objectifs stratégiques de l'organisation ? Les orientations affichées de la politique de développement du capital humain sont-elles traduites en pratiques pertinentes et mises en œuvre de façon effective à tous les niveaux et sur tout le périmètre d'action ?

1. Les audits de conformité

L'audit de conformité permet d'apprécier la conformité des pratiques de l'entreprise aux règles applicables (internes ou externes, légales ou conventionnelles) et de porter un jugement sur la qualité des informations et des processus.

Les missions d'audit de conformité sont sollicitées pour répondre à plusieurs objectifs. Elles se développent et portent sur plusieurs points sensibles. Elles reposent sur la construction de référentiels appropriés pour chaque mission.

1.1. Les principaux objectifs

Chaque nouvelle obligation légale ou conventionnelle, chaque nouvel accord signé, chaque nouvelle norme, chaque engagement discrétionnaire pris, chaque label obtenu pour une période nécessitent le recours à des audits de conformité. Le Code du travail s'enrichit de nouvelles dispositions chaque année. De nouvelles normes nationales et internationales sont publiées et d'autres paraîtront d'ici 2018 dans le domaine RH. De nouveaux accords sont signés chaque année, au niveau interprofessionnel (ANI), dans les branches et les entreprises (39 000 en 2014 en France) et nombreux sont ces textes qui concernent en totalité ou partiellement le champ de l'emploi et des compétences. Des chartes sont signées (la charte de la diversité signée par plusieurs milliers d'entreprises depuis 2004 par exemple) et des labels recherchés et obtenus (label égalité, label diversité...).

Trois objectifs peuvent être distingués.

Garantir la qualité de l'information sur l'emploi et la formation

Les informations relatives à l'emploi et à la formation sont très variées. L'audit portera sur des informations historiques ou prévisionnelles, internes ou externes, qualitatives ou quantitatives, chiffrées ou non. L'audit porte sur les informations produites pour les différents destinataires, internes et externes, pour le pilotage et pour le reporting.

Les exigences en matière d'information sur l'emploi et la formation se sont développées pour de nombreux destinataires. Elles concernent les salariés, les représentants des salariés, les administrations et organismes sociaux, les actionnaires, les parties prenantes... Depuis la création du bilan social en 1977 jusqu'à la base de données économiques et sociales (BDES), également dénommée BDU (base de données unique), créée par l'ANI du 11 janvier 2013 et la loi de sécurisation de l'emploi du 14 juin 2013, les informations à fournir sont de plus en plus nombreuses. Dans le cadre du « choc de simplification », la DSN (déclaration sociale nominative) remplace en 2016 toutes les déclarations sociales par la transmission unique, mensuelle et dématérialisée des données issues de la paie et la transmission dématérialisée de signalements d'événements.

Parmi les informations destinées à l'information de plusieurs parties prenantes (salariés, représentants du personnel, actionnaires, administration), notons les chapitres 1 et 5 du bilan social. Ces deux chapitres consacrés à l'emploi et à la formation sont riches et la qualité et la fiabilité de ces informations doivent être garanties.

Les informations sociales que doit comporter le rapport annuel d'activité selon le décret du 24 avril 2012 font pour leur part l'objet d'une attestation délivrée par un tiers indépendant.

EXEMPLE

Vérification des informations du rapport du conseil d'administration sur les informations sociales, environnementales et sociétales par un organisme tiers indépendant.

L'arrêté du 13 mai 2013 détermine les modalités selon lesquelles l'organisme tiers indépendant conduit sa mission.

Il prend connaissance de l'exposé des orientations en matière de développement durable, en fonction des conséquences sociales et environnementales liées à l'activité de la société et de ses engagements sociétaux, et, le cas échéant, des actions ou programmes qui en découlent.

Il compare la liste des informations mentionnées dans le rapport avec la liste réglementaire et signale, le cas échéant, les informations omises et non assorties des explications prévues.

Il s'assure de la mise en place par la société de processus de collecte visant à l'exhaustivité et à la cohérence des informations devant être mentionnées. S'il identifie des irrégularités au cours de sa mission, il les décrit.

Il identifie les personnes qui, au sein de la société, sont en charge des processus de collecte et, le cas échéant, sont responsables des procédures de contrôle interne et de gestion des risques.

Il s'enquiert de l'existence de procédures de contrôle interne et de gestion des risques mises en place par la société.

Il examine par échantillonnage les processus de collecte, de compilation, de traitement et de contrôle des informations et réalise des tests de détails. Pour les données chiffrées, les tests incluent, notamment, la réalisation de calculs qui lui permettent de s'assurer de l'efficacité des processus de collecte des informations prévues. Pour les informations qualitatives, telles que des études, des diagnostics ou des exemples de bonnes pratiques, ces tests comprennent, notamment, la consultation des sources documentaires et, si possible, de leurs auteurs.

Il procède, le cas échéant, à une vérification sur sites.

Pour donner son avis sur les explications relatives à l'absence de certaines informations, il prend en considération, le cas échéant, les bonnes pratiques professionnelles pouvant être formalisées dans un référentiel sectoriel.

Il clôt son avis motivé sur la sincérité des informations en déclarant soit qu'il n'a pas relevé d'anomalie significative de nature à mettre en cause la sincérité des informations présentées, soit que la sincérité des informations présentées appelle de sa part des réserves, décrites dans son rapport.

Au titre des diligences mises en œuvre, il présente les travaux accomplis, les méthodes d'échantillonnage utilisées et les incertitudes associées à ces méthodes, la méthodologie utilisée pour estimer la validité des calculs ainsi que les taux de couverture des informations testées, les moyens mobilisés et le calendrier et la durée de sa mission, le nombre d'entretiens qui ont été conduits et le périmètre de ses travaux lorsque la société établit des comptes consolidés.

Garantir le respect des dispositions légales, réglementaires ou conventionnelles

La réglementation applicable en matière d'emploi est particulièrement importante et rigoureuse. Un certain formalisme est souvent requis (par exemple, pour les contrats à durée déterminée). Les sanctions en cas de non-respect de certaines dispositions peuvent être lourdes (la requalification d'un contrat à durée déterminée en contrat à durée indéterminée, par exemple). Les textes sur l'interdiction de toute discrimination en fonction de nombreux critères prohibés sont sources de risques. Les risques de contentieux avec les salariés sont réels. Le respect des règles est un fondement de la confiance organisationnelle.

L'auditeur contrôle le respect du cadre réglementaire applicable, d'origine législative, réglementaire ou conventionnelle (à travers les conventions collectives). Il évalue les risques encourus du fait d'une application défaillante. Il intègre l'évolution de la réglementation et de la jurisprudence, au niveau français mais aussi européen, pour identifier des risques nouveaux à prendre en compte.

Garantir l'application des accords d'entreprise et des procédures internes

Le développement de la négociation d'accords d'entreprise sur l'emploi et la formation crée de nouvelles règles propres à l'entreprise. Les négociations sont obligatoires tous les trois ans sur la gestion prévisionnelle des emplois et des compétences (GPEC). Des négociations ont été rendues obligatoires sur l'égalité professionnelle, sur les seniors... De nouvelles possibilités d'accords ont été ouvertes (accord de maintien de l'emploi, accord de compétitivité-emploi...). Ces accords prévoient généralement des modalités de suivi et éventuellement des indicateurs.

Pour mettre en œuvre leur politique d'emploi et de formation, les entreprises élaborent un ensemble de procédures. Celles-ci peuvent être formalisées dans des guides, des manuels et des notes de service. L'auditeur vérifie leur existence, leur conformité réglementaire (des grilles d'entretien annuel d'évaluation sont parfois annulées par les tribunaux, par exemple) et leur application effective à tous les niveaux et sur l'ensemble du territoire.

1.2. Le développement des missions d'audit de conformité

Avec la montée des enjeux et la complexité croissante des normes et règles, la nécessité d'audits réguliers s'est imposée.

Les audits de conformité portent en particulier sur les points suivants :

- la gestion administrative de l'emploi,
- la régularité des recrutements,
- la non-discrimination,
- l'égalité professionnelle,
- l'emploi des handicapés,

- la conformité des emplois atypiques : temps partiel, contrats aidés, CDD, intérim...,
- l'apprentissage et la professionnalisation,
- les modalités de départs,
- l'information des instances représentatives du personnel (IRP),
- le reporting externe.

1.3. La démarche de l'auditeur

L'auditeur réalise une mission d'audit de conformité en cinq étapes :
- il effectue l'inventaire des règles externes et internes et construit le référentiel,
- il délimite le cadre de ses investigations,
- il construit son questionnaire et son plan de travail,
- il procède aux travaux de vérification,
- il valide ses constats, rédige son rapport et ses recommandations.

Il est essentiel de disposer en permanence d'un guide rassemblant l'ensemble des règles portant sur l'emploi et la formation afin d'en contrôler le respect. Compte tenu de l'évolution rapide de la réglementation et des dispositions conventionnelles ou discrétionnaires applicables ainsi que des spécificités de chaque entité auditée, la construction d'un référentiel pertinent est nécessaire au début de chaque mission.

1.4. L'audit de la gestion administrative de l'emploi

L'auditeur s'assure que la gestion administrative de l'emploi respecte l'ensemble des règles en vigueur pour la période sur laquelle porte l'audit. Des audits sont nécessaires lorsque de nouvelles règles externes ou internes ont imposé un changement des pratiques dans l'entité.

Les audits de conformité doivent permettre de réduire les risques encourus en cas de non-respect de dispositions légales, réglementaires ou conventionnelles, notamment celles assorties de sanctions. La direction générale souhaite en particulier que le risque pénal découlant de certaines non-conformités soit totalement éliminé. Les domaines concernés dans l'administration RH sont nombreux avec la pénalisation croissante du droit du travail. La jurisprudence est riche de contentieux coûteux, aussi bien financièrement qu'en termes d'image. Ils auraient pu être évités par le recours régulier à des audits sociaux dans les domaines les plus sensibles. Identifier les principales zones de risques permet de déterminer les audits prioritaires. À partir des résultats d'un audit, il est possible de réduire les risques identifiés. Chaque année, en France, de nouveaux textes légaux ou réglementaires nécessitent de réaliser des missions d'audit appropriées.

1.5. L'audit de l'application des procédures internes

Les audits de conformité doivent permettre également de vérifier l'application des procédures internes. Ces procédures sont formalisées généralement dans des guides, des manuels et des notes de service qui constituent le référentiel des missions. L'auditeur vérifie leur existence, leur conformité réglementaire (des grilles d'entretien annuel d'évaluation sont parfois annulées par les tribunaux, par exemple) et leur application effective à tous les niveaux et sur l'ensemble du territoire.

2. Les audits d'efficacité

La recherche de l'adéquation quantitative et qualitative des emplois et des compétences, aujourd'hui et dans le futur, globalement et dans chaque entité, est un enjeu fort pour les entreprises. Les missions d'audit sont de plus en plus nombreuses sur ce sujet, du fait de l'importance de l'emploi dans les décisions stratégiques des entreprises et organisations.

2.1. Les audits de la gestion de l'emploi

Les organisations se fixent des objectifs dans tous les domaines de la gestion de l'emploi. Toutes les dimensions de la gestion de l'emploi sont donc concernées par les audits d'efficacité. L'audit d'efficacité des processus de gestion de l'emploi porte en particulier sur sept domaines :

- relations avec les organismes d'enseignement, politiques d'apprentissage et de professionnalisation, marketing RH, communication de recrutement et construction d'une image d'employeur de référence ;
- politique et plans de recrutement, d'égalité des chances et de diversité, d'intégration ;

- politiques de fidélisation et d'implication ;
- politiques de gestion des carrières, de mobilité interne (géographique, latérale, verticale) ;
- politiques spécifiques (personnes en situation d'handicap, seniors, étrangers, compétences clés, apprentis, contrats aidés...) ;
- gestion des départs et processus concernant les anciens salariés, retraités ou actifs ;
- utilisation optimale de la digitalisation des pratiques de gestion de l'emploi et notamment l'exploitation des mégadonnées (*big data*).

Ces sept domaines peuvent faire l'objet d'audits pour vérifier si les objectifs fixés sont atteints. L'audit d'efficacité s'exerce par un contrôle à cinq niveaux :

- La cohérence des procédures avec les choix de l'entreprise en matière de politique d'emploi. Les procédures sont-elles le reflet exact des politiques définies ? Par exemple : les critères de sélection pour le recrutement de jeunes diplômés sont-ils cohérents avec les objectifs de la politique de diversité et éventuellement les engagements diversité de l'entreprise ?
- La cohérence de la gestion de l'emploi et des compétences avec l'ensemble des autres politiques RH. Par exemple : les modalités et critères de répartition des enveloppes d'augmentation individuelle et de bonus sont-ils cohérents avec l'objectif de fidélisation des salariés ?
- La cohérence des procédures de gestion de l'emploi et des compétences entre les établissements (les salariés sont-ils traités de façon identique quel que soit l'établissement ?) et entre les différentes étapes du processus depuis les actions en amont jusqu'au départ.
- L'efficacité des procédures, c'est-à-dire leur capacité à provoquer les résultats attendus. Par exemple : les actions mises en œuvre en matière de recrutement d'handicapés permettent-elles d'atteindre l'objectif de recrutement retenu et/ou le niveau fixé par la loi ?
- L'efficience des procédures, c'est-à-dire le rapport du coût de leur mise en œuvre sur les résultats obtenus. Par exemple : le coût total recrutement et intégration par salarié présent un an après son recrutement est-il plus élevé que celui de ceux intégrés par les concurrents ? Est-il stable ?

Les audits sont réalisés en fonction des enjeux sur divers programmes tels que :

- procédures d'élaboration du plan de recrutement et de prise des décisions de recrutement ;
- politique et procédures d'e-recrutement (sites internet de recrutement, processus, interface avec base de données RH, tableau de bord, suivi des recrutements) ;
- programmes diversité, égalité professionnelle femmes/hommes ;
- programmes « apprentissage et professionnalisation » ;
- procédures d'accueil et d'intégration ;
- système d'entretiens d'appréciation, d'entretiens professionnels et procédure de gestion des mobilités et des carrières ;
- procédures de développement individuel des compétences, de gestion des CIF, des CPF, élaboration et mise en œuvre du plan de formation ;
- procédures de promotions, de détection et de suivi des potentiels et des talents, programmes de fidélisation ;
- gestion des âges et de la pyramide des âges ;
- pratiques de GPEC, plans de sauvegarde de l'emploi et accompagnement externe ;
- plans de successions, organigramme de remplacement et plans de relève ;
- plans de développement du capital humain ;
- observatoire sur les métiers dans l'entreprise et mise en place des référentiels de compétences ;
- système de gestion des compétences ;
- processus de dialogue social et de négociation en matière d'emploi et de gestion des compétences.

EXEMPLE

Audit de la négociation des accords GPEC

La loi de janvier 2005 a rendu obligatoire pour les entreprises de plus de 300 salariés la négociation d'un accord de gestion prévisionnelle des emplois et des compétences (GPE) tous les trois ans. En 2016, les entreprises ont donc négocié trois ou quatre accords selon la date de leur première négociation.

L'auditeur vérifie qu'à toutes les étapes du processus, l'ensemble des opérations se sont déroulées conformément aux dispositions réglementaires et à la politique de dialogue social de l'entreprise.

L'auditeur examine les informations fournies aux partenaires sociaux aux différentes phases du processus de négociation.

L'auditeur vérifie le respect des dispositions de suivi prévues dans les accords et leurs conséquences sur la négociation de l'accord triennal suivant.

L'auditeur examine l'évolution dans le temps depuis dix ans, du processus de négociation et du contenu des accords.

2.2. Les audits de la diversité

Les audits de la diversité permettent de vérifier que l'entreprise respecte la réglementation, ses engagements conventionnels (audit de conformité), obtient les résultats attendus avec les moyens dont elle dispose pour y parvenir (audit d'efficacité) et qu'elle les utilise au mieux (audit d'efficience). L'audit veille également à évaluer la capacité de réalisation des objectifs fixés. Les missions d'audit de la diversité permettent d'identifier et de réduire les principaux risques. L'utilité des audits est d'autant plus perçue que les risques sont grands. En matière de discriminations, il existe un risque social, judiciaire et commercial. Sur le plan social, les salariés et leurs représentants sont sensibilisés à l'attention portée par l'entreprise à la diversité et à la non-discrimination. Sur le plan judiciaire, le risque de contentieux se développe avec la méthode comparative consistant à établir une différence de traitement par comparaison avec des salariés se trouvant dans une situation identique (discrimination dans la rémunération, la carrière et la promotion). Sur le plan commercial, le risque en termes d'image existe. Les procès mettant en cause de grandes entreprises sont largement médiatisés.

Mesurer les résultats obtenus par l'entreprise en matière de diversité par rapport aux objectifs fixés permet d'anticiper les investigations des agences de notation extra-financière pour obtenir un rating satisfaisant en matière de politique RH.

Au fur et à mesure que des engagements sont pris, l'auditeur doit vérifier leur obtention. L'ensemble des objectifs ont-ils été atteints ? Quels sont les écarts entre objectifs et constats ? La diversité se vit-elle dans la réalité ou seulement dans les discours et les engagements ?

Auditer la vie des politiques et pratiques de diversité nécessite des indicateurs valides permettant de réaliser des constats, de mesurer des progrès et de vérifier l'atteinte des objectifs fixés. Les indicateurs peuvent être quantitatifs ou qualitatifs. Des indicateurs de la diversité n'existent en France que pour certaines caractéristiques (âge, sexe, handicap reconnu, nationalité).

Les missions d'audit de diversité portent sur les principaux process RH de l'entreprise pour lesquels des objectifs explicites ou implicites sont identifiables : recrutement, intégration, formation et développement des compétences, mobilité et évolution de carrière, évaluation et détection des potentiels, organisation du travail, rémunération. L'auditeur analyse en particulier les résultats en matière d'égalité hommes/femmes, d'insertion professionnelle des personnes handicapées, d'égalité des chances des personnes étrangères ou issues de l'immigration, l'emploi des seniors et identifie des leviers de progrès et des actions correctives.

L'audit du recrutement

Parmi les constats réalisés lors de l'audit, la comparaison entre la répartition des CV reçus et celle des candidats convoqués fait ressortir d'éventuelles discriminations sur des critères non acceptables. L'auditeur utilise divers indicateurs tels que le ratio de cohérence entre les CV reçus dans leur diversité et les postulants convoqués, entre les candidats reçus en entretien et ceux retenus. Certains indicateurs quantifiables sont aujourd'hui particulièrement sensibles :

- Le pourcentage des seniors (plus de 45 ans ou plus de 50 ans) recrutés est-il égal ou inférieur à celui des candidatures de cette classe d'âge ?
- Le pourcentage des personnes habitant certaines localités (discriminations liées à l'adresse) ou ayant des origines dites minoritaires, appréciées selon le patronyme, est-il égal ou inférieur à celui des candidatures de ces catégories ?
- Le pourcentage des femmes dans les recrutements pour les catégories de qualification supérieure est-il conforme aux objectifs de taux de féminisation et à leur poids dans les candidatures reçues ?

L'audit de l'intégration

L'auditeur étudie les taux d'échecs d'intégration (départs en cours de période d'essai, taux d'attrition pendant les premiers mois...) en fonction de facteurs de diversité. Des entretiens avec les acteurs concernés permettent d'identifier les principales sources d'échec et de proposer des mesures correctives. Ainsi les difficultés rencontrées pour la réussite de l'intégration d'un candidat atypique reposent souvent également sur des comportements inappropriés des managers de proximité dus à une insuffisante sensibilisation.

La formation

L'auditeur examine les écarts des taux d'accès à la formation continue par catégories et selon les principales sources identifiées de différences. Il suit leur évolution dans le temps et les efforts faits pour améliorer l'accès à la formation des populations les plus défavorisées. L'utilisation des dispositifs CIF (congé individuel de formation), VAE (validation des acquis de l'expérience), bilan de compétences selon divers critères apporte des informations importantes, même si ces droits reposent sur l'initiative des salariés.

L'auditeur s'appuie pour son constat sur des indicateurs chiffrés parmi lesquels :

- pourcentage par classe d'âge, par niveau de qualification et par genre des salariés ayant bénéficié d'une action de formation ;
- pourcentage par classe d'âge, par niveau de qualification et par genre des salariés ayant bénéficié d'une formation certifiante ;
- pourcentage par classe d'âge, par niveau de qualification et par genre des salariés ayant bénéficié d'une VAE ;
- pourcentage par classe d'âge, par niveau de qualification et par genre des salariés ayant bénéficié d'un bilan de compétences ou d'un *assessment center* ;
- pourcentage par classe d'âge, par niveau de qualification et par genre des salariés ayant bénéficié d'un CIF.

La mobilité, les promotions et carrières

La diversité des taux de promotabilité (pourcentage de promus dans chaque catégorie) fait ressortir un certain nombre d'inégalité des chances. Lorsque l'auditeur constate une anomalie, une moindre probabilité d'être promu selon le genre, l'âge ou tout autre critère mesurable, il analyse les causes et propose des mesures correctives pour atteindre l'objectif d'égalité des chances.

L'auditeur s'appuie pour son constat sur des indicateurs chiffrés parmi lesquels :

- pourcentage par classe d'âge, par niveau de qualification et par genre des salariés ayant bénéficié d'une promotion ;
- pourcentage par classe d'âge, par niveau de qualification et par genre des salariés ayant bénéficié d'une mobilité latérale ou horizontale ;
- pourcentage par classe d'âge, par niveau de qualification et par genre des salariés qui n'ont pas fait l'objet d'une évolution ou d'une mobilité professionnelle depuis 3, 5 ou 8 ans.

Les constats et recommandations

Après analyse des résultats de l'audit, du constat des écarts et de la recherche des causes, l'auditeur formule des préconisations fixant des axes de progrès. Elles comportent fréquemment des propositions sur trois points :

- la mise sous contrôle des principales sources de risques avec des batteries d'indicateurs, des tableaux de bord et des clignotants, au niveau global et dans chaque service. Dans la limite des règles édictées par la Cnil en matière d'informations personnelles, il est nécessaire de construire des indicateurs de mesure et des tableaux de bord ;
- la définition (ou la redéfinition) d'objectifs stratégiques de diversité, d'axes prioritaires, la mise en place d'un plan d'action et la création de structure dédiée ;
- la mise en œuvre d'une formation adéquate des équipes et des collaborateurs.

LA RECONNAISSANCE PAR LE LABEL

L'entreprise qui assume de façon exemplaire toutes ses obligations légales et ses engagements volontaires peut souhaiter être reconnue et pouvoir mettre en avant cette reconnaissance. Obtenir le label diversité accroît la visibilité et améliore les retombées en termes d'image et d'attractivité de l'entreprise et contribue à la confiance organisationnelle et à l'engagement des salariés. Le label est décerné pour trois ans et un audit après deux années s'avère souhaitable.

3. Les audits stratégiques

Le DRH, partenaire stratégique, veille à ce que les politiques d'emploi et de développement du capital humain soient en ligne avec les orientations stratégiques de l'organisation. Les audits permettent de répondre aux questions suivantes :

- Les politiques d'emploi et de formation sont-elles conformes aux objectifs poursuivis par l'entreprise, à sa stratégie globale et à sa stratégie sociale ?
- Le volet emploi de la politique sociale est-il formulé et adapté aux spécificités de l'entreprise et à l'évolution de son environnement ?
- La traduction des grands choix de la politique d'emploi en plans et en programmes est-elle réalisée ?
- Les choix en matière de politique d'emploi permettent-ils à l'entreprise d'atteindre ses objectifs stratégiques ?

L'auditeur s'intéresse aux différentes composantes de la séquence stratégique : diagnostic, définition, mise en œuvre, contrôle, et en particulier aux modalités de suivi et d'évaluation permettant d'adapter les politiques aux évolutions internes et externes.

3.1. Les principales missions

L'alignement des pratiques avec les orientations stratégiques de l'organisation est une question clé des audits stratégiques en matière d'emploi et de compétences. L'auditeur traduit les orientations stratégiques en objectifs opérationnels et vérifie la pertinence et la cohérence des pratiques.

Ainsi, l'objectif stratégique « devenir une fabrique de talents » se décompose en quatre axes à auditer :

- améliorer sa « marque employeur » pour attirer et retenir les talents ;
- développer les talents internes grâce à un renouvellement des outils de la gestion des talents ;
- adapter les politiques et pratiques de formation et de développement des compétences et utiliser les nouvelles technologies et les nouvelles approches ;

- assurer l'adaptation des compétences aux transformations de l'entreprise et garantir l'employabilité, interne ou externe, de chacun des salariés.

Chacun de ces axes peut faire l'objet de missions d'audit stratégique.

3.2. L'audit de la politique d'image employeur

Être un employeur attractif pour attirer et fidéliser les talents est souvent un objectif stratégique. L'entreprise qui souhaite attirer et retenir des talents a des objectifs en matière d'image d'employeur de choix.

Ces objectifs peuvent être traduits en indicateurs chiffrés dont l'auditeur vérifie la pertinence et la réalisation. L'auditeur recense les différents outils utilisés par l'entreprise pour connaître son image employeur et suivre son évolution dans le temps en fonction des objectifs retenus. Parmi les indicateurs fréquemment retenus :

- classement dans les enquêtes réalisées auprès des futurs diplômés de la cible de recrutement ;
- taux de candidatures spontanées dans les écoles, universités et formations techniques considérées comme les réservoirs de talents ;
- taux d'acceptation des propositions de recrutement ;
- nombre de visites sur le site de recrutement de l'entreprise ;
- nombre total de candidatures spontanées reçues, nombre par catégorie.

L'auditeur constate les évolutions dans le temps et les écarts avec les objectifs assignés. Il analyse les causes en examinant les processus concernés afin de proposer des recommandations permettant d'obtenir l'image souhaitée.

L'obtention de labels (tels que Top Employeur) peut être une composante de la politique d'attractivité. Le questionnaire sur les bonnes pratiques pour devenir Top Employeur couvre les politiques RH qui, considérées dans leur ensemble, caractérisent les bons employeurs. Il aborde donc un grand nombre de sujets et constitue un outil pour identifier les points forts et les lacunes de l'emploi et du développement des talents.

3.3. L'audit du management des talents

Au-delà des talents attirés à l'extérieur, l'entreprise doit s'appuyer sur ses talents potentiels en interne pour répondre à ses besoins et développer l'employabilité, la carrière et l'engagement de ses salariés. Il est donc indispensable d'identifier et faire grandir les talents présents dans l'entreprise. La fonction RH doit faire de chaque manager un développeur de talents.

L'audit porte sur les outils pour identifier les talents présents dans l'entreprise. L'importance et l'exploitation des volets « développement des compétences » et « évolutions et mobilités » des grilles des systèmes d'entretien d'appréciation annuelles, les modalités des entretiens « développement et orientation professionnels » et des « bilans de carrière » lorsqu'ils existent, le fonctionnement effectif et l'efficacité des « comités carrières » et des « revues de personnel », l'existence de « filières promotionnelles » et de « passerelles » entre métiers, de la préparation des « plans de successions » et leur utilisation, le rôle, la compétence et la disponibilité des « RH de proximité » dans ce domaine ainsi que l'articulation entre les dispositifs et les synergies entre les différents acteurs sont les principaux processus analysés par l'auditeur.

L'auditeur s'appuie également pour son constat sur des indicateurs chiffrés parmi lesquels :

- part respective des recrutements externes et des promotions pour les postes d'encadrement aux différents niveaux hiérarchiques ;
- part des mobilités inter-fonctionnelles dans l'ensemble des mobilités ;
- pourcentage des jeunes cadres ayant un mentor et périodicité des contacts ;
- pourcentage par classe d'âge, par niveau de qualification et par genre des salariés ayant bénéficié d'un entretien annuel d'appréciation, d'un entretien professionnel ;
- pourcentage par classe d'âge, par qualification et par genre des salariés ayant eu une mobilité dans l'année et dans les trois ans ;
- pourcentage par classe d'âge, par classification et par genre des salariés ayant bénéficié d'une promotion ;
- pourcentage par classe d'âge, par qualification et par genre des salariés ayant bénéficié d'un bilan de carrière, bilan de compétences, d'un *assessment center* ou d'un 360° *feedback* ;
- pourcentage par classe d'âge, ancienneté, qualification et par genre des salariés ayant démissionné.

Ces indicateurs chiffrés sont complétés par des indicateurs de perception à travers les enquêtes régulières dites de climat, de satisfaction ou d'engagement qui contiennent généralement plusieurs questions sur la satisfaction des salariés à l'égard de la politique et des outils de management des talents.

L'auditeur étudie la mise en œuvre effective des outils et leur maîtrise par la ligne managériale et les salariés eux-mêmes dans une approche de « cogestion des carrières ».

Lorsque l'entreprise affiche l'ambition de faire de chaque manager un développeur de talents capable de donner à chaque collaborateur l'envie de devenir talentueux et de reconnaître l'investissement du collaborateur et de lui offrir des possibilités de mettre en œuvre les talents, les investigations de l'auditeur permettent de déceler les principales zones de progrès.

3.4. L'audit des politiques de formation et de développement des compétences

L'audit porte sur les outils pour développer les talents des salariés présents dans l'entreprise. L'importance et l'exploitation des volets « développement des compétences » des grilles des systèmes d'entretiens d'appréciation annuels, les modalités des entretiens « formation », « orientation professionnelle » et des « bilans de compétences » lorsqu'ils existent, le fonctionnement effectif et l'efficacité des dispositifs de tutorat et de coaching, le dispositif d'élaboration du pan de formation et de traitement des demandes de congés « bilan de compétences », CIF et CPF, le rôle « orientation-formation » des « RH de proximité », l'articulation entre les dispositifs et les synergies entre les différents acteurs sont les principaux processus audités.

L'auditeur s'appuie également pour son constat sur des indicateurs chiffrés parmi lesquels :

- pourcentage par classe d'âge, qualification et genre des salariés ayant bénéficié d'une formation certifiante ;
- pourcentage par classe d'âge, ancienneté, qualification et par genre des salariés ayant demandé une formation certifiante ;
- pourcentage par classe d'âge, qualification et genre des salariés ayant demandé et obtenu un CIF ;

- pourcentage par classe d'âge, qualification et genre des salariés ayant accès à des formations en ligne ;
- pourcentage par classe d'âge, qualification et genre des salariés ayant suivi un stage en présentiel (taux d'accès à la formation) dans l'année et sur trois ans ;
- pourcentage par classe d'âge, qualification et genre des salariés ayant participé à des ateliers de codéveloppement.

Ces indicateurs chiffrés sont également complétés par des indicateurs de perception à travers les enquêtes et par l'analyse des documents du dialogue social (comptes rendus des réunions des IRP, tracts et déclarations des syndicats, déroulement des négociations, suivi des accords...).

L'auditeur examine également les modalités innovantes mises en œuvre pour :

- développer le partage de compétences ;
- développer les formations expérientielles ;
- créer des communautés d'apprentissage ;
- mettre en place des ateliers de codéveloppement ;
- utiliser les MOOC et le « *blended learning* » ;
- optimiser le tutorat, le mentorat et le coaching ;
- certifier les compétences acquises et les mettre en œuvre.

3.5. L'audit des politiques d'égalité professionnelle

Un objectif stratégique d'égalité des genres en matière d'accès aux responsabilités peut être traduit en objectif opérationnel : avoir des pourcentages identiques de femmes aux différents niveaux hiérarchiques.

Lorsque l'auditeur constate des distorsions en termes de place des femmes aux différents niveaux hiérarchiques, il s'interroge sur les causes pour vérifier si l'entreprise a pratiqué des discriminations en fonction du genre dans les pratiques de promotion ou de sélection au plus haut niveau.

Les écarts existants peuvent en effet avoir d'autres explications que le genre. L'auditeur vérifie que certaines différences reposent sur des données objectives (âge, ancienneté, expérience professionnelle, compétences certifiées). Il identifie les causes de discrimination indirecte et propose des mesures pour y remédier.

Ainsi, un système de détection des hauts potentiels reposant sur des observations entre 30 et 35 ans peut défavoriser indirectement et indûment les mères de famille supposées moins disponibles. Un recrutement de dirigeants qui privilégie certains diplômes ou certaines expériences professionnelles peut également pénaliser les femmes.

CHAPITRE 5

L'audit des rémunérations

L'importance des frais de personnel dans la valeur ajoutée et des obligations réglementaires, les enjeux de la rémunération en matière d'attractivité, de fidélisation et d'engagement des salariés, ainsi que le renouvellement des politiques et des pratiques de rémunération expliquent le développement des audits des rémunérations.

Les principales missions d'audit des rémunérations portent sur la conformité, l'efficacité et la stratégie :

- Les audits de conformité permettent d'apprécier la conformité des pratiques de rémunération aux règles légales ou conventionnelles, externes ou internes, applicables. Compte tenu des risques liés au non-respect de règles nombreuses, diverses et parfois strictes, les audits de conformité portent en particulier sur les points susceptibles d'alimenter des contentieux, d'entraîner des sanctions, financières ou pénales, ou de dégrader le climat social ou l'image de l'entreprise.

- Les audits d'efficacité permettent de répondre à deux questions concernant les composantes et modalités de rémunération : les résultats obtenus sont-ils conformes aux objectifs fixés ? les résultats ont-ils été obtenus au moindre coût ? L'audit d'efficacité contribue à améliorer la pertinence et qualité de la gestion des rémunérations.

- Les audits stratégiques répondent à deux préoccupations : les politiques de rémunérations sont-elles en ligne avec les objectifs stratégiques de l'organisation ? Les orientations affichées de la politique de rémunération sont-elles traduites en pratiques pertinentes et mises en œuvre de façon effective à tous les niveaux et sur tout le périmètre d'action ?

1. Les audits de conformité

L'audit de conformité permet d'apprécier la conformité des pratiques de l'entreprise aux règles applicables (internes ou externes, légales ou conventionnelles) et de porter un jugement sur la qualité des informations et des processus.

Les missions d'audit de conformité sont sollicitées pour répondre à plusieurs objectifs. Elles se développent et portent sur plusieurs points sensibles. Elles reposent sur la construction d'un référentiel approprié.

1.1. Les principaux objectifs

Trois objectifs peuvent être distingués.

Garantir la qualité de l'information

Les informations relatives aux rémunérations sont très variées. L'audit portera sur des informations historiques ou prévisionnelles, internes ou externes, qualitatives ou quantitatives, chiffrées ou non. L'audit porte sur les informations produites pour les différents destinataires, internes et externes, pour le pilotage et pour le reporting.

Les exigences en matière d'information sur les rémunérations se sont développées. Elles concernent les salariés, les représentants des salariés, les administrations et organismes sociaux, les actionnaires... Depuis la création du bilan social en 1977 jusqu'au décret du 24 avril 2012 sur les informations sociales à inclure dans le rapport annuel, et, en 2015, la base de données économiques et sociales (BDES), mise à la disposition des représentants du personnel, les informations à fournir sont de plus en plus nombreuses :

- rapport sur la rémunération annuelle des dirigeants mandataires sociaux contenu dans le rapport annuel ;
- rapport sur les options consenties et levées par ces mêmes dirigeants, ainsi que par chacun des dix salariés qui se sont vu consentir ou qui ont levé le plus d'options ;
- chapitre 2 du bilan social sur les rémunérations avec la masse des dix premières rémunérations ;
- chapitre 7 du bilan social sur les autres dépenses sociales de l'entreprise ;
- procès-verbal ou accord NAO (négociation annuelle obligatoire) ;

- accord d'intéressement ;
- accord sur la participation ;
- accord sur l'égalité professionnelle femmes/hommes.

Au-delà de ces obligations légales, un nombre croissant d'entreprises a développé des programmes de communication.

Deux aspects importants en matière d'information sur les rémunérations doivent être soulignés :

- la confidentialité est une exigence essentielle. Les informations nominatives et celles qui ont un caractère prévisionnel doivent être protégées ;
- la sécurité est une seconde exigence. Les opérations informatisées de la paie doivent être protégées ainsi que l'accès aux bases de données. Il faut également vérifier que la concentration des traitements ne présente pas de risques majeurs pour les opérations de paie en cas d'incidents.

Garantir le respect des dispositions légales, réglementaires ou conventionnelles

La réglementation applicable en matière de rémunération est particulièrement importante. Les textes portant sur les salaires et la paie sont nombreux. Ceux sur l'égalité femmes/hommes et sur l'interdiction de toute discrimination en fonction de nombreux critères prohibés ont accru les risques pour l'employeur.

Le poids des charges sociales et fiscales sur les rémunérations et les nombreux dispositifs d'exonération expliquent l'importance des contrôles et des risques de redressement. Enfin, le risque de contentieux avec les salariés est également réel.

L'auditeur contrôle le respect du cadre réglementaire applicable, d'origine législative, réglementaire ou conventionnelle (à travers les conventions collectives). Il évalue les risques encourus du fait d'une application défaillante. Il intègre l'évolution de la réglementation et de la jurisprudence, au niveau français mais aussi européen, pour identifier des risques nouveaux à prendre en compte.

Garantir l'application des accords d'entreprise et des procédures internes

Le développement de la négociation d'accords d'entreprise portant, en tout ou partie, sur les rémunérations, crée de nouvelles règles propres à l'entreprise. Ainsi les accords NAO, les accords de participation, d'intéressement ou ceux relatifs à l'égalité femmes/hommes contiennent des dispositions dont il faut auditer le respect. Certains accords portant sur d'autres domaines ont aussi des incidences sur certains éléments de la rémunération globale. Ainsi, les accords de GPEC contiennent souvent des dispositions relatives aux conséquences financières de la mobilité telles que la « prime de rideau » en cas de mobilité géographique imposant d'emménager dans un nouvel appartement et de changer certains éléments d'ameublement.

Pour mettre en œuvre leur politique salariale, les entreprises élaborent un ensemble de procédures. Celles-ci peuvent être formalisées dans des guides, des manuels et des notes de service. L'auditeur vérifie leur existence, leur conformité et leur application effective.

1.2. Le développement des missions d'audit de conformité

Au fur et à mesure que le cadre réglementaire s'est développé d'une part et que les entreprises ont acquis une plus grande autonomie en matière de rémunération et ont sophistiqué leur système en multipliant les modalités et en individualisant ou en segmentant les procédures d'autre part, la nécessité d'audits réguliers s'est imposée.

Les audits de conformité portent en particulier sur les points suivants :

- la fixation du salaire et des autres composantes de la rémunération ;
- les négociations salariales et le respect des dispositions des accords et conventions ;
- les révisions salariales ;
- l'égalité professionnelle femmes/hommes, la non-discrimination et le respect du principe « à travail égal, salaire égal » ;
- les charges fiscales et sociales, les assiettes et leur règlement ;
- les régimes de protection, de prévoyance et de retraite supplémentaire ;

- les frais professionnels, les avantages sociaux, les primes spécifiques et avantages non monétaires ;
- la rémunération de populations spécifiques : expatriés, commerciaux, stagiaires, contrats aidés, contrats à durée déterminée, dirigeants, mandataires sociaux ;
- le paiement des salaires et des différentes charges sociales et fiscales ;
- l'intéressement, la participation, l'actionnariat et la gestion de l'épargne salariale ;
- les sécurités et la qualité du contrôle interne ;
- la qualité et la fiabilité de la communication sur les rémunérations pour les différents destinataires.

On peut noter qu'en matière de conformité des pratiques de rémunération, la mission de l'auditeur financier et la mission de l'auditeur social se recouvrent partiellement. Il est possible de délimiter les zones de recouvrement de l'audit financier et de l'audit social concernant les rémunérations à partir de l'analyse des risques que l'auditeur doit déceler, qu'il doit signaler dans son rapport et pour lesquels il doit effectuer des propositions de réformes ou d'amélioration et de simplification des systèmes existants (ASSE).

1.3. La démarche de l'auditeur

L'auditeur réalise une mission d'audit de conformité en cinq étapes :

- il effectue l'inventaire des règles externes et internes et construit le référentiel ;
- il délimite le cadre de ses investigations ;
- il construit son questionnaire et son plan de travail ;
- il procède aux travaux de vérification ;
- il valide ses constats, rédige son rapport et ses recommandations.

Il est essentiel de disposer en permanence d'un guide rassemblant l'ensemble des règles portant sur chaque composante de la rémunération afin d'en contrôler le respect. Compte tenu de l'évolution rapide de la réglementation et des dispositions conventionnelles ou discrétionnaires applicables ainsi que des spécificités de chaque entité auditée, la construction d'un référentiel pertinent est nécessaire au début de chaque mission.

La vérification des déclarations sociales et fiscales constitue un volet important. Elle dépend de la qualité du contrôle interne de l'entreprise. Aussi l'auditeur prépare-t-il autant de questionnaires de contrôle interne qu'il désire vérifier de déclarations.

EXEMPLES

Audit de la paie

Pour évaluer la fiabilité du contrôle interne de la paie, l'auditeur fixe les objectifs suivants et prépare les vérifications correspondantes :

- s'assurer que les séparations de fonctions sont suffisantes entre service de la paie et service du personnel ;
- s'assurer que les personnes figurant sur le journal de paie ont bien droit à leur rémunération ;
- s'assurer que le temps payé correspond au temps dû ;
- s'assurer de l'exactitude des calculs ;
- s'assurer que les niveaux de rémunérations ont été approuvés ;
- s'assurer que le paiement est effectué dans des conditions de sécurité suffisantes.

« Due diligence » en cas de fusion acquisition

En cas de fusion-acquisition, l'auditeur est sollicité pour réaliser la phase de due diligence. Il collecte les informations et vérifie la réalité des risques liés aux rémunérations : risques financiers (coûts salariaux, contentieux, coût de la protection sociale, coûts futurs liés aux AT/MP), risques de passif (engagement contractuel à l'égard de dirigeants), risques de non-conformité, risques liés à l'intégration (diversité des régimes sociaux, des conventions collectives applicables et des accords d'entreprise en vigueur, des usages).

L'auditeur rassemble les documents sur chacun de ces points. Il étudie les procès-verbaux des réunions des représentants du personnel, examine l'attestation de règlement des cotisations Urssaf, les résultats du dernier contrôle Urssaf, les éventuels contentieux Urssaf, les mécanismes d'épargne salariale (intéressement, plan d'épargne entreprise (PEE)) et d'assurances sociales sur-complémentaires.

Il examine l'état du passif social lié à des obligations contractuelles vis-à-vis des salariés : CET, système d'abondement du PEE, retraite chapeau, retraite sur-complémentaire...

2. Les audits d'efficacité

Les audits d'efficacité permettent de vérifier si les résultats obtenus sont conformes aux objectifs et si les résultats ont été obtenus au moindre coût afin d'améliorer la pertinence et qualité du système de rémunération. Le champ des audits d'efficacité est large du fait de la diversité des objectifs en matière de rémunération.

2.1. Les principales missions

L'audit d'efficacité d'un système de rémunération porte en particulier sur cinq points :

- la politique de rémunération (les procédures sont-elles le reflet exact des politiques définies ?) ;
- la cohérence en matière de rémunération avec l'ensemble des autres aspects de la gestion sociale (rémunération et gestion des carrières par exemple) ;
- la cohérence des procédures de gestion et d'administration des rémunérations (entre établissements ou entre les différentes étapes du processus) ;
- l'efficacité des procédures (les procédures permettant de décider de chaque augmentation individuelle prennent-elles en compte la performance individuelle effective ?) ;
- l'efficience des procédures (les objectifs ont-ils été atteints au moindre coût ?).

Les principales missions des audits d'efficacité comprennent les domaines suivants :

- audit des qualifications et de la grille des classifications ;
- audit de l'individualisation des rémunérations ;
- audit de l'équité ;
- audit du salaire indirect, des primes et du « hors salaires »;
- audit des rémunérations effectives ;
- audit de la masse salariale globale ;
- audit de l'intéressement, de la participation, des programmes d'actionnariat et de l'épargne salariale ;

- audit de la rémunération de populations à forts enjeux : expatriés, commerciaux, experts, hauts potentiels, compétences clés, dirigeants, mandataires sociaux.

Quelques audits illustrent la diversité des missions.

2.2. L'audit des qualifications et de la grille des classifications

La détermination des salaires est une décision fondamentale pour attirer, et fidéliser les talents, répondre aux attentes d'équité des salariés et maîtriser la masse salariale tout en développant l'engagement de tous.

La fixation des rémunérations repose sur une grille des classifications, des emplois et des salaires, déterminée dans l'entreprise en respectant les dispositions de la convention collective éventuellement applicable. Les missions confiées à l'auditeur concernent la grille en vigueur, les méthodes d'évaluation des postes et les mécanismes de révision de la grille.

Dans un premier temps, l'auditeur vérifie l'existence d'une grille des classifications des emplois dans l'entreprise, il observe si tous les emplois sont couverts par la grille de classification à l'intérieur de chaque fonction, si la grille est suffisamment précise pour que son application ne présente pas de difficulté, s'il existe des filières promotionnelles au sein de chaque fonction. Il vérifie que les fiches de postes et les fiches de paie correspondent aux classifications.

Dans un deuxième temps, il identifie les difficultés que soulève l'application de la grille. Il analyse les réclamations, les revendications, les conflits éventuels, à travers les tracts, les réseaux sociaux, les documents relatifs au fonctionnement des instances représentatives et des entretiens avec les responsables des grandes fonctions dans l'entreprise. Il apprécie en particulier la cohérence des classifications entre les différentes filières.

Dans un troisième temps, il étudie les décisions d'affectation des coefficients aux salariés : niveau, critères, difficultés rencontrées, anomalies, etc. Une importance particulière est attachée aux agents polyvalents et aux cas de mobilité horizontale ou géographique.

L'évolution des marchés et du périmètre de l'entreprise, les changements technologiques, la transformation des métiers entraînent un vieillissement accéléré des grilles de classification et rendent nécessaire leur adaptation permanente. L'examen de l'auditeur porte également sur l'actualisation de la grille à travers les points suivants :

- Les difficultés d'application de la grille, en particulier du fait de la transformation des postes, sont-elles liées à la qualification ? Y a-t-il eu des conflits, des revendications liées à la grille ? Ces revendications ont-elles été suivies ? Par qui ?

- Quand déclenche-t-on une révision pour un poste ou pour l'introduction d'une nouvelle grille ?

- L'actualisation de la grille est-elle épisodique ou régulière ? Comment est-elle déclenchée, selon quelles modalités, quelles en sont la portée et les limites ? Existe-t-il un groupe de travail, une cellule ou un expert extérieur chargé de pratiquer cette actualisation ? Selon quelle démarche cette actualisation est-elle pratiquée ? Avec quels moyens ? Quelle est la périodicité des réexamens ? Comment s'effectue le choix des postes à examiner ? L'auditeur vérifie si les modalités permettent une évolution régulière de la grille afin de s'adapter aux exigences du moment.

L'auditeur évalue les risques éventuels qu'entraîne une mise à jour insuffisante : petits ou grands conflits, déséquilibres, départs de compétences clés ou difficultés de recrutement, alourdissement des coûts, par rapport à la concurrence, etc.

L'auditeur exprime, à l'issue de ces examens, une opinion sur le système en vigueur, sa fiabilité et son adaptation aux changements des qualifications et compétences et enfin à sa compétitivité externe, à sa capacité à attirer et retenir les compétences nécessaires au bon fonctionnement de l'entreprise.

2.3. L'audit de l'individualisation

Depuis les années 1980, l'individualisation des rémunérations s'est développée avec pour objectifs de développer et récompenser la contribution de chacun, stimuler l'engagement, retenir les meilleurs et améliorer la performance de l'organisation. Cette individualisation a porté dans un premier temps sur le salaire fixe et ensuite sur la partie variable avec le développement des bonus. Afin de mesurer si les objectifs ont été atteints et les risques éventuels, l'auditeur examine les points suivants :

- L'origine de l'individualisation : quels sont les documents qui présentent les objectifs de l'entreprise sur ce point ? À quelle époque a-t-on adopté le principe de l'individualisation ? Pour quelles raisons ? Quelles ont été les réactions (syndicats, encadrement, personnel) ? Toutes les catégories sont-elles concernées ? A-t-on respecté une certaine progressivité dans la mise en place d'une telle politique ? A-t-on révisé depuis la répartition entre part collective et part individuelle ?

- Les choix : quelle part est consacrée aux augmentations individuelles ? Comment évolue-t-elle chaque année ? Comment est-elle déterminée ? Comment est-elle traitée lors de la négociation annuelle obligatoire ? Le pouvoir d'achat de chacun est-il garanti ? Quelles sont les instructions relatives aux augmentations individuelles ?

- Les modalités : quelles sont les règles de répartition de l'enveloppe « augmentation individuelle (AI) » ? La ventilation, les taux sont-ils imposés ? À quel niveau est répartie l'« enveloppe des AI » ? Qui prend les décisions ? Un contrôle hiérarchique est-il prévu ? Existe-t-il des procédures d'évaluation des performances ? Fonctionnent-elles convenablement ? Y a-t-il « double détente », c'est-à-dire à la fois une mesure individuelle et collective (au niveau de l'unité, du département, de l'entreprise) ?

- Les résultats : quel a été le poids réel des augmentations individuelles ces dernières années (en masse et en niveau) ? Comment sont-elles réparties en fonction de leur incidence ? Combien de personnes sont augmentées ? Quel est le taux moyen, le taux minimal et le taux maximal des augmentations (pour les différentes catégories) ? Existe-t-il des agents augmentés plusieurs années de suite ? Quelle est l'importance des progressions sur cinq ans ? Existe-t-il des agents qui n'ont pas fait l'objet de mesures individuelles depuis trois, cinq, dix ans ? Quelles en sont les raisons ?

- Les incidences sur l'égalité salariale entre les femmes et les hommes : quelles sont augmentations individuelles moyennes pour les femmes et pour les hommes ?

- Les incidences sur la performance et sur le climat social : des mesures de l'impact des augmentations individuelles ont-elles été faites ? Par qui ? Sous quelle forme ? L'incidence sur la productivité et sur le climat social est-elle cernée ?

Les principaux indicateurs objectifs

L'audit des augmentations individuelles s'appuie sur une batterie d'indicateurs permettant de mesurer la qualité de la politique d'individualisation du salaire fixe et la sélectivité et, en particulier, les indicateurs suivants :

- pourcentage global de bénéficiaires d'AI (nombre de bénéficiaires d'AI/ nombre total de salariés). Cet indicateur permet de mesurer l'effet « saupoudrage » et la non-sélectivité lorsqu'il est proche de 100 %. Inversement, un pourcentage inférieur à 50 % traduit la volonté de reconnaître la surperformance ;
- pourcentage de bénéficiaires d'AI par niveau de qualification ;
- pourcentage de bénéficiaires d'AI par famille d'emploi ;
- pourcentage de bénéficiaires d'AI par genre ;
- pourcentage de bénéficiaires d'AI par tranche d'âge.

Ces indicateurs permettent de faire ressortir les risques de discrimination en fonction du genre ou de l'âge d'une part, ou les différences selon les niveaux et les fonctions. Leur analyse prend en compte le caractère mixte (augmentation générale plus augmentations individuelles) ou exclusivement individuel des augmentations pour les diverses populations. Elle s'accompagne de la prise en compte d'autres indicateurs :

- pourcentage moyen des AI pour les bénéficiaires d'AI ;
- pourcentage que représente le budget des AI par rapport à la masse salariale des diverses populations (selon le genre, la classe d'âge, le niveau de qualification, la famille d'emploi). Ces deux derniers indicateurs complètent le pourcentage des bénéficiaires pour apprécier pleinement la politique d'individualisation ;
- coefficient de dispersion des AI (autour du taux moyen d'AI). Cet indicateur traduit également le courage managérial et la capacité à différencier selon les niveaux de performance. Un coefficient très faible correspond à du saupoudrage ;
- pourcentage de bénéficiaires d'AI n'ayant pas reçu d'AI dans l'année ou les deux années antérieures. Cet indicateur permet de mesurer l'effet tourniquet et le retour plus ou moins fort aux augmentations tournantes ;
- pourcentage de bénéficiaires d'AI ne recevant pas de bonus ;

- pourcentage de bénéficiaires de bonus/primes ne recevant pas d'AI. Ces deux derniers indicateurs permettent de mesurer les éventuels effets de compensation ;
- moyenne des AI des personnes identifiées comme talents par rapport à la moyenne des AI ;
- moyenne des AI des nouveaux (moins de trois ans d'ancienneté) par rapport à la moyenne des AI ;
- moyenne des AI des seniors (plus de 50 ans) par rapport à la moyenne des AI ;
- moyenne des AI des femmes par rapport à la moyenne des hommes.

Ces indicateurs permettent de suivre la mise en œuvre de politiques propres à certaines populations et d'éventuelles différences de traitement dont il faudra expliquer les justifications.

Les indicateurs de perception

Il est également possible de compléter ces indicateurs objectifs par des indicateurs subjectifs à travers les enquêtes de satisfaction réalisées auprès des salariés. Ces enquêtes comportent généralement des questions permettant de mesurer et d'analyser le degré de satisfaction des salariés par rapport à l'évolution personnalisée de leur rémunération.

L'impact de l'individualisation sur le sentiment d'équité a favorisé le développement d'audits de l'équité.

2.4. L'audit de l'équité

Dès lors que l'objectif d'équité est clairement exprimé par l'entreprise, il est nécessaire de réaliser des audits de l'équité et de vérifier si l'entreprise respecte ses engagements en matière d'équité. L'auditeur évalue les risques de la non-équité interne ou externe et les coûts qu'elle engendre. Il identifie les principales zones de risques, éventuellement grâce à une enquête auprès du personnel.

L'équité est une orientation forte des stratégies de rémunération. Selon la théorie de l'équité formulée par J.S. Adams, chaque salarié évalue ce qu'il apporte, ses *inputs*, contributions au profit de l'entreprise, tels qu'efforts, compétences, résultats... Il évalue également ce qu'il reçoit, ses *outcomes*, les avantages qu'il en retire en termes de rémunération, de reconnaissance, de statut... Il calcule un ratio rétribution/contribution qu'il compare avec la connaissance qu'il a du même ratio pour d'autres salariés, dans l'entreprise ou en dehors. Ce ratio constitue son ratio d'équité.

Le constat d'une situation d'iniquité entraîne une action pour modifier le ratio en faisant varier la contribution ou la rétribution. En situation de sous-équité, le salarié essaie d'accroître sa rétribution en réclamant (ou en « trichant » : détournement de fournitures, utilisation personnelle d'équipement, remboursements abusifs de frais...) ou, plus généralement, réduit discrètement sa contribution (moindre qualité, absentéisme, ralentissement, non-coopération...). En situation de sur-équité, le salarié accroît sa contribution.

Chaque salarié souhaite et recherche un traitement équitable. Les enquêtes montrent une exigence accrue de justice et d'équité et le poids croissant des comparaisons. Mieux informé, bien que de façon parcellaire, le salarié utilise un nombre croissant de référentiels. Il s'interroge sur les écarts et attend des justifications ou des actions correctives.

Garantir au salarié un traitement équitable implique que :

1. Sa contribution soit effectivement évaluée et appréciée.

2. La possibilité d'accroître sa contribution lui soit offerte.

3. Sa rétribution soit connue et évaluée dans toutes ses composantes.

4. L'information sur toutes les composantes, monétaires et non monétaires, de sa rétribution lui soit communiquée.

5. Le lien entre contribution et rétribution soit explicite.

6. Le lien entre accroissement de la contribution et accroissement de la rétribution soit précisé et respecté.

Les points 3, 4 et 5 sont devenus plus complexes. Les composantes de la rétribution se sont multipliées et les grands arbitrages ont évolué. Cette complexité croissante rend délicate l'évaluation par le salarié de sa rétribution globale. Il doit prendre en compte simultanément des éléments fixes et d'autres variables, des éléments collectifs et d'autres individualisés, des éléments immédiats et des éléments différés, des composantes monétaires et d'autres non monétaires, des rémunérations et du temps libre.

L'audit de l'équité porte essentiellement sur le respect des quatre règles de la justice procédurale :

- L'entreprise garantit-elle à chaque salarié une évaluation fiable de sa contribution ?
- L'entreprise favorise-t-elle l'accroissement de la contribution mesurable du salarié ?
- Les règles reliant contribution et rétribution sont-elles explicitées, connues, transparentes ? Le choix des critères permettant d'attribuer les augmentations individuelles et leur mesure est un point particulièrement délicat.
- Les managers respectent-ils ces règles et chaque salarié reçoit-il la rétribution méritée ?

L'audit de chacune de ces règles permet d'évaluer le niveau de justice organisationnelle et d'identifier les points faibles sur lesquels agir et communiquer pour renforcer le sentiment d'équité.

2.5. L'audit de la rémunération variable individuelle

Depuis vingt ans, la rémunération variable individuelle a pris une importance croissante dans la rémunération d'un grand nombre de salariés, au-delà des métiers où elle était d'usage (commerciaux, vendeurs, hôtellerie, restauration, salle de marché...). Cette extension a concerné les cadres dans un premier temps, puis le personnel de contact et s'est étendue progressivement à l'ensemble des salariés.

Pour auditer les programmes de rémunération variable individuelle, on peut retenir plusieurs types d'indicateurs.

Les indicateurs objectifs

- taux d'incitation globale (rapport entre l'ensemble des éléments variables inclus dans la rémunération globale – rémunération variable annuelle chargée + intéressement + participation + actions gratuites – et la rémunération fixe) ;
- taux d'incitation individuelle (rapport entre la rémunération variable individualisée et la rémunération fixe) ;
- taux d'incitation collective (rapport entre la somme de l'intéressement et de la participation, et la rémunération fixe). Il est parfois exprimé en mois de salaire avec le calcul suivant : participation + intéressement/ salaire mensuel moyen ;

- taux d'incitation à court terme (rapport entre la somme de l'intéressement, de la participation et de la rémunération variable chargée et la rémunération fixe) ;
- taux d'incitation à moyen terme (rapport entre l'évaluation des stock-options et/ou des attributions d'actions gratuites et la rémunération fixe des bénéficiaires).

Ces taux peuvent être calculés par emploi repère et/ou par niveau de classification. En complément, il est également nécessaire de s'interroger sur la proportion des bénéficiaires des différents éléments variables :

- nombre de bénéficiaires de rémunération variable individuelle sur l'effectif concerné ;
- nombre de bénéficiaires de stock-options ou d'actions gratuites sur l'effectif concerné.

Ces proportions peuvent être calculées pour l'effectif global, par famille d'emploi, par niveau de classification. Elles peuvent être suivies par classe d'âge et par genre afin de détecter d'éventuelles anomalies.

Les indicateurs de perception

L'auditeur peut compléter l'examen de ces indicateurs objectifs en s'appuyant sur des indicateurs subjectifs à travers les enquêtes de satisfaction réalisées auprès des salariés. Ces enquêtes comportent généralement des questions permettant de mesurer et d'analyser le degré de satisfaction des salariés par rapport aux composantes variables de leur rémunération.

Les indicateurs d'efficacité des dispositifs

Suivre dans le temps certains indicateurs permet d'apprécier l'efficacité des dispositifs de rémunération variable :

- histogramme des performances en pourcentage de réalisation des objectifs ;
- écart des histogrammes de performance sur un, deux ou trois ans ;
- taux de rendement de la rémunération variable des commerciaux (rémunération variable chargée/marge générée) ;

- taux de rendement de la rémunération variable du management (rémunération variable chargée/EBIT ou EBITDA[1] ou résultat opérationnel) ;
- taux de rendement global des rémunérations variables (rémunération variable chargée + intéressement + participation + évaluation options/actions gratuites sur EBIT ou EBITDA ou résultat opérationnel groupe) ;
- évolution de ces taux de rendement sur 1, 2, 3 ans.

2.6. L'audit du système de reconnaissance

Les attentes de reconnaissance des salariés sont très fortes et la reconnaissance est une composante forte de la rétribution globale au côté de la rémunération.

L'audit du système de reconnaissance est donc l'un des audits importants en matière de rétribution et d'équité. L'auditeur peut utiliser la reconnaissance comme critère pour évaluer les différentes modalités de rémunération. Ainsi, le salaire au mois des « mensuels » était-il perçu comme un véritable signe de reconnaissance de l'importance de la qualification par rapport aux « horaires ». La loi de 1979 sur la mensualisation a accordé à tous cette reconnaissance. Aujourd'hui, avoir droit à des actions gratuites est généralement considéré comme un signe fort de reconnaissance et d'appartenance au « noyau dur » des compétences stratégiques de l'entreprise qu'il faut fidéliser et récompenser pleinement. Chez les commerciaux, la part de salaire fixe dans la rémunération totale est souvent perçue comme un élément de reconnaissance (« Si l'entreprise ne me rémunère que lorsque je rapporte des commandes, c'est qu'elle me considère comme un vendeur jetable. »)

Dans la mise en œuvre d'une politique de rémunération globale, l'entreprise doit veiller à prendre en compte la dimension reconnaissance de chaque composante. Dans un arbitrage entre deux composantes qui présentent des similitudes pour la plupart des critères, il est opportun de choisir celle qui apporte un plus en matière de reconnaissance. Il faut donc connaître les perceptions des salariés sur ce point.

Une phrase est souvent recueillie dans les entretiens d'audit de reconnaissance : « Si on me juge capable d'avoir une augmentation individualisée,

---

1. EBIT : *earning before interest and taxes* (bénéfice avant intérêts et impôts) ; EBITDA : *earnings before interest, taxes, depreciation, and amortization* (bénéfices avant intérêts, impôts et amortissements).

qu'on me considère alors aussi capable de comprendre comment elle a été déterminée. » Il y a là un réel besoin de reconnaissance.

Il apparaît clairement que le choix d'une modalité de rémunération (c'est-à-dire d'une part la procédure de mise en application, et d'autre part la communication sur l'ensemble du dispositif) a un impact fort sur le niveau de reconnaissance.

Or « rétribution = rémunération + reconnaissance » dans la perception par chaque salarié de son ratio d'équité. Un bon choix de rémunération accompagné d'une communication pertinente améliore la perception de l'équité. Inversement, une communication maladroite peut réduire l'impact d'une composante, pourtant coûteuse, de la rémunération.

L'audit d'une rémunération globale fait souvent ressortir combien certaines dépenses sont mal, voire non perçues par les bénéficiaires. Parce qu'ils sont obligatoires légalement, ou parce que l'usage leur a confié un caractère d'avantage acquis, l'entreprise néglige parfois de communiquer sur ces éléments. Ils ne sont alors perçus ni comme un élément de rémunération, ni comme un signe de reconnaissance.

La complémentarité entre rémunération et reconnaissance ressort nettement des enquêtes et des audits réalisés tant en France que dans d'autres pays. Prendre en compte la dimension reconnaissance dans la définition et la mise en place d'une politique de rémunération globale est donc essentiel. La reconnaissance ne présente pas un caractère subsidiaire. Elle est essentielle pour assurer le succès d'une rémunération globale.

Le développement de « l'approche cafétéria » en matière de rémunération constitue une marque appréciée de reconnaissance. Dans « l'approche cafétéria », le salarié peut choisir lui-même, selon des règles précises, quels éléments de rémunération il privilégie. Ainsi, dans le cas d'un accord sur la prévoyance, il peut privilégier tel ou tel avantage : rente-éducation, rente-invalidité, capital décès... Le salarié auquel on reconnaît le pouvoir de choisir le « comment » dans la limite d'un « combien » défini apprécie davantage l'élément retenu. Un zest de reconnaissance valorise la rémunération proposée « en cafétéria ». Dans « l'approche cafétéria », il peut y avoir synergie entre rémunération et reconnaissance.

L'auditeur vérifie que l'importance de la reconnaissance ne soit pas sous-estimée dans l'entreprise. Trop souvent, la hiérarchie se dit convaincue que « tout ce qui intéresse mes collaborateurs, c'est leur chèque à la fin du mois » et, en période de rigueur salariale, elle impute une éventuelle démobilisation au manque d'augmentation, et non à ses propres insuffisances managériales.

Faire percevoir à chaque responsable hiérarchique l'importance effective que chaque salarié attache aux différents signes de reconnaissance est essentiel. Identifier, de façon personnalisée, l'impact de ces signes et les utiliser à bon escient dans le cadre d'un management par l'équité implique que le lien entre contribution et reconnaissance soit clair, explicite et garanti. La même rigueur procédurale doit s'appliquer aux composantes « rémunération » et « reconnaissance » de la rétribution. À cette condition, les salariés développeront leur contribution et créeront plus de valeur.

3. Les audits stratégiques

Le DRH, partenaire stratégique, veille à ce que les politiques de rémunération soient en accord avec les orientations stratégiques de l'organisation dans une perspective de développement durable. Il s'appuie sur les audits stratégiques. Ces audits permettent de répondre aux questions suivantes :

- Les politiques de rémunération sont-elles conformes aux objectifs poursuivis par l'entreprise, à sa stratégie globale et à sa stratégie sociale ?
- Le volet rémunération de la politique sociale est-il formulé et adapté aux spécificités de l'entreprise et à l'évolution de son environnement ?
- La traduction des grands choix de la politique de rémunération en plans et en programmes est-elle réalisée ?
- Les choix en matière de politique de rémunération permettent-ils à l'entreprise d'atteindre ses objectifs stratégiques ?

L'auditeur s'intéresse aux différentes composantes de la séquence stratégique : diagnostic, définition, mise en œuvre, contrôle, et en particulier aux modalités de suivi et d'évaluation permettant d'adapter les politiques aux évolutions internes et externes.

3.1. Les principales missions

Les missions confiées à l'auditeur concernent en particulier :

- l'identification des politiques, des programmes et des pratiques en matière de rémunération ;

- l'audit de l'image interne et de la prise en compte des aspirations des salariés ;
- l'audit de la maîtrise de la masse salariale ;
- l'audit de la structure de la masse salariale ;
- l'audit de la reconnaissance.

3.2. L'audit de la politique de rémunération

Différentes enquêtes ont fait ressortir les perceptions des salariés sur trois points (acceptabilité, sentiment de sécurité, caractère stimulant) et leur complémentarité. Les composantes qui renforcent le sentiment de sécurité ne présentent pas de caractère stimulant, par exemple. Une approche stratégique de la rétribution implique l'utilisation de grilles d'analyse stratégique permettant d'évaluer chaque composante sur l'ensemble des critères pertinents.

Afin de réaliser les audits stratégiques, l'auditeur doit connaître les objectifs de l'entreprise et ses grands choix en matière de rémunération.

Dans certains cas, cette tâche est aisée, l'entreprise disposant des documents adéquats. Dans d'autres cas, l'auditeur doit rassembler des informations éparses. L'auditeur vérifie en particulier la cohérence entre les différentes sources. Si un document indique l'objectif « maintien du pouvoir d'achat de tous les salariés » et un autre prône « l'individualisation des rémunérations avec une croissance des frais de personnel contenue au niveau de l'inflation », l'auditeur doit identifier lequel traduit, pour la période auditée, la politique de l'entreprise.

L'auditeur examine certains points :

- Quel poids est accordé aux recommandations de la profession et du gouvernement : cet examen est particulièrement important lorsqu'un tournant est enregistré. L'auditeur vérifie la cohérence des choix stratégiques et leur compatibilité avec les principaux objectifs des politiques RH.
- La cohérence entre politique emploi et politique de rémunération. Le souci de gestion dynamique avec un certain renouvellement des effectifs est-il compatible avec l'objectif de prise en compte de l'ancienneté ? Le resserrement de l'éventail salarial permet-il de recruter des cadres performants ?

- La cohérence entre aménagement des temps et rémunération. La mise en place d'équipes de suppléance avec un salaire horaire majoré de 50 % est-elle compatible avec l'objectif de maintien de la masse salariale ? L'adoption de l'annualisation est-elle compatible avec le maintien d'un niveau de rémunération qui intégrait de nombreuses heures supplémentaires ?

- La cohérence entre sécurité et rémunération. L'objectif de réduction des accidents du travail est-il compatible avec la prise en compte accrue de la productivité ?

L'analyse des modalités de rémunération ne peut être menée globalement. Les formes de rémunération obtiennent des scores différents sur la plupart des critères, et l'adoption d'un « mix de rémunération globale » repose sur un bilan équilibré conforme aux objectifs stratégiques de l'entreprise. Le DRH veille à ce que, pour chaque critère retenu, une ou plusieurs composantes y répondent positivement. Ainsi, les éléments réversibles rémunérant la performance permettent de répondre positivement à deux critères : flexibilité (du fait de la réversibilité) et stimulation (prise en compte de la performance). L'intéressement répondra positivement à trois critères : flexibilité, sentiment d'appartenance et exonérations sociales.

3.3. L'audit de la structure salariale

L'audit de la structure salariale permet à l'auditeur de porter un jugement sur la capacité d'une structure salariale à atteindre les objectifs de l'entreprise en matière d'attraction, de conservation et de motivation de ses ressources humaines.

La mission de l'auditeur social comprend trois parties : l'audit de la structure salariale par rapport au marché du travail, l'audit de la structure salariale par rapport aux exigences d'équité interne et l'audit de la structure salariale par rapport aux évolutions de carrière.

Par rapport au marché du travail

Le recours aux informations d'une enquête salariale est nécessaire pour mener à bien cet audit. Le premier travail de l'auditeur sera de visualiser la courbe des salaires réels de l'entreprise et de la rapprocher des données de marché les plus pertinentes. La position de la courbe de l'entreprise par rapport au marché de référence est-elle conforme aux objectifs de l'entreprise ? Par exemple, l'entreprise qui a choisi d'être « dans le marché », c'est-à-dire de proposer des salaires proches des salaires moyens du marché, respecte-t-elle dans les faits cet objectif ?

Par rapport aux exigences d'équité interne

Cet aspect de l'audit est fondamental, car la perception de l'équité est un élément essentiel de la satisfaction (ou de la frustration). L'auditeur étudie le nombre de classes et leurs caractéristiques afin de porter un jugement. Les questions qu'il se pose sont les suivantes : le nombre de classes correspond-il aux différents niveaux de responsabilité ? N'est-il pas trop faible (est-il conforme aux perspectives de promotion ?) ? N'est-il pas trop important (permet-il des écarts significatifs ?) ?

Pour répondre à ces questions, il doit examiner avec attention les caractéristiques des classes.

Les classes se caractérisent par une valeur centrale, une dispersion, une concentration et des chevauchements. Il existe plusieurs moyens de déterminer une valeur centrale : la médiane, la moyenne et le mode. Des mesures ou des représentations permettent à l'auditeur d'asseoir son jugement sur des données précises. À partir de ces données, il pose les questions suivantes :

- Les écarts entre moyennes de classe sont-ils suffisants ? En principe, on s'accorde à fixer un seuil de perception minimal de 15 %. En-deçà, le passage d'une classe à l'autre n'est pas perçu comme significatif par l'employé en termes salariaux.

- Les coefficients de variation sont-ils homogènes ? Si les écarts-types représentent des pourcentages trop différents de la moyenne arithmétique, cela peut expliquer des phénomènes de perception d'iniquité d'une classe à l'autre.

- Les chevauchements sont-ils conformes à la politique de promotion ? Aux choix en matière d'individualisation ?

- L'écart minimum-maximum est-il identique ou différent d'une classe à l'autre ?

S'il est identique, les cadres peuvent percevoir que les différences dans les rémunérations ne reflètent pas correctement l'accroissement de leurs responsabilités. S'il est très important, les chevauchements risquent à leur tour d'être trop importants et de poser des problèmes de gestion de carrière. Les employés situés au minimum d'une classe élevée peuvent dans ce cas être démotivés en comparant leur position à celle des salariés qui se trouvent au maximum d'une ou de deux classes au-dessous d'eux.

Il n'existe actuellement aucune norme, et l'auditeur doit s'efforcer de prendre en compte l'ensemble des paramètres de la gestion des emplois et des carrières.

Par rapport aux évolutions de carrière

L'analyse des historiques de rémunération de cohortes successives permet d'identifier les différences d'évolutions de carrières et leurs traductions en termes salariaux selon les vagues de recrutement. Ainsi, comparer les évolutions des rémunérations des grandes vagues de recrutements (1982-1983, 1988-1990, 1998-2001, 2006-2008) permet de faire ressortir d'éventuelles différences de traitement susceptibles de provoquer des sentiments d'iniquité et de frustration.

L'audit des écarts salariaux

Pour mesurer les écarts salariaux dans l'entreprise, l'auditeur utilise cinq indicateurs :

- le rapport entre le premier décile (le salaire en dessous duquel ont été payés les 10 % de salariés les moins bien payés) et le neuvième décile (le salaire au-delà duquel ont été rémunérés les 10 % de salariés les mieux payés). Ce ratio est l'un des deux que l'entreprise peut choisir comme indicateur de la hiérarchie salariale dans le bilan social ;

- le rapport entre le salaire moyen des cadres et celui de la catégorie la moins rémunérée. Cet indicateur est le second proposé dans la grille du bilan social ;

- le rapport entre le salarié le mieux payé (l'information est désormais disponible pour les sociétés cotées en Bourse) et le salarié le moins payé ;

- le rapport entre le salaire moyen des dix salariés les mieux payés et la moyenne de la catégorie la moins rémunérée. Ces deux chiffres sont disponibles dans le bilan social ;

- le rapport entre le salaire moyen des femmes et celui des hommes. Cet indicateur peut être calculé globalement et par catégorie à partir des données disponibles dans le bilan social.

D'autres indicateurs sont parfois choisis pour mettre en valeur certains aspects de la politique salariale ou pour affiner l'analyse selon divers critères (âge, genre...). Il faut être prudent dans l'interprétation des écarts de moyennes dans le temps ou entre populations. En effet, les écarts peuvent être dus à des effets de structure lorsque la population concernée évolue dans le temps. Ainsi, le départ à la retraite d'anciens en haut de l'échelle salariale et le recrutement de nouveaux en bas de la même échelle fait baisser la moyenne de la catégorie (on parle alors d'« effet de noria »). Les mêmes précautions sont nécessaires pour interpréter des écarts entre catégories. Ainsi l'écart entre les salaires moyens selon le sexe peut être dû à la différence de la structure par âge.

3.4. L'audit de la fonction C&B

Les responsables C&B (*compensations & benefits*, soit, en français : rémunérations et avantages sociaux) veillent à l'intégration de la politique de rémunération dans la politique générale du capital humain et la stratégie de l'organisation. L'audit de la fonction C&B s'inscrit donc dans le cadre des audits stratégiques.

L'audit porte sur l'accomplissement par la fonction C&B de ses missions et sa capacité à mener à bien divers chantiers :

- Élaborer une politique de rémunération dans un contexte de faible croissance avec parfois la nécessité de remise en cause des acquis et des négociations à mener pour éviter tout contentieux relatif à la modification du contrat de travail.

- Définir une politique de rémunération globale cohérente en développant une culture d'entreprise via sa politique de rémunération et en relevant les défis liés à la mobilité et à l'internationalisation des carrières.

- Mieux individualiser les salariés pour déterminer le salaire à l'embauche, fournir aux managers les outils d'aide à la décision d'augmentation et avoir une politique de rémunération spécifique pour les profils spécifiques.

- Assurer l'égalité de traitement et la non-discrimination en sensibilisant et accompagnant les managers, en réalisant des audits réguliers, en maîtrisant les risques juridiques et les évolutions jurisprudentielles.

- Faire des rémunérations variables et collectives des leviers de performance avec des objectifs clairs, précis et cohérents et une adaptation régulière aux évolutions du contexte, en choisissant les meilleures formules d'intéressement, de participation et d'abondement, d'actionnariat salarié et d'épargne salariale, d'avantages en nature et de périphériques individuels et collectifs.

- Communiquer sur la rémunération en valorisant en interne la politique de rémunération de l'entreprise avec le BSI (bilan social individualisé) et en accroissant la transparence.

- Innover pour mieux rémunérer en redéfinissant la politique de rémunération pour demain.

Les investigations de l'auditeur porteront notamment sur la contribution du C&B pour :

- l'alignement sur la stratégie des entreprises pour l'ajustement des programmes de rémunération existants ;

- la conception de nouveaux programmes ;

- l'analyse des tendances du marché ;

- l'apport d'expertise dans le traitement des dossiers spécifiques ;

- l'animation du réseau RH et management concernant la rémunération ;

- l'architecture de la communication auprès de l'ensemble des acteurs.

L'apport de l'audit social permet d'améliorer de façon significative la qualité de la gestion des rémunérations. Le développement de l'audit des rémunérations a contribué à faire baisser de façon significative la part des frais de personnel dans la valeur ajoutée, sans nuire à la performance des entreprises.

La complexité croissante des modalités de rémunération, la diversité des arbitrages, la nécessité des actualisations, des innovations et des remises en cause imposent une évaluation régulière des politiques et des pratiques.

CHAPITRE 6

Les audits de la RSE

> « *The social auditor's job is to review a company's social and environmental performance and to render an assessment. Unlike financial reporting, however, there are no generally accepted accounting and auditing standards on which the auditor and the reader may rely. There are as many different approaches to social auditing as there are firms and individuals conducting such audits.* » *(Rapport de développement durable de Ben & Jerry's)*

La responsabilité sociale des entreprises (RSE) est un concept qui désigne l'intégration volontaire, par les entreprises, de préoccupations sociales et environnementales à leurs activités commerciales et leurs relations avec leurs parties prenantes. Les entreprises ont un comportement socialement responsable lorsqu'elles vont au-delà des exigences légales minimales et des obligations imposées par les conventions collectives pour répondre à des besoins sociétaux.

La RSE permet aux entreprises, quelle que soit leur taille, de contribuer à concilier les ambitions économiques, sociales et environnementales en coopération avec leurs partenaires. À ce titre, ce concept majeur, tant dans le monde que dans l'Union européenne, s'inscrit dans le débat sur la mondialisation, la compétitivité et le développement durable.

En Europe, suite à la publication en 2001 d'un livre vert intitulé « Promouvoir un cadre européen pour la RSE », la Commission européenne a engagé une vaste consultation auprès des parties prenantes (entreprises, syndicats, investisseurs, organisations de consommateurs), qui a permis de mettre en avant la nature volontaire de la RSE. Selon elles, le concept ne pourra pas être appliqué de façon uniforme, étant donné la diversité des approches nationales. Les syndicats et les organisations de la société civile soulignent que les initiatives volontaires ne sont pas suffisantes pour protéger les travailleurs. C'est pourquoi ils demandent aux entreprises de rendre compte de leurs activités dans le domaine social à travers des mécanismes efficaces. Les investisseurs soulignent le besoin d'améliorer la diffusion de l'information et la transparence quant aux pratiques des entreprises. Les organisations de consommateurs soulignent l'importance de disposer d'informations fiables sur les conditions de production et de vente des biens.

Depuis cette époque, et malgré l'organisation d'un forum plurilatéral, la Commission européenne semble peiner à trouver un second souffle. Sa dernière initiative remonte à 2006 avec un appel pour une « Alliance européenne pour la responsabilité sociale des entreprises », document répondant à la question de savoir ce que l'on peut attendre de la RSE :

- le recrutement d'un plus grand nombre de travailleurs issus de groupes défavorisés ;

- l'investissement dans le développement des compétences, l'apprentissage tout au long de la vie et la capacité d'occuper un emploi ;

- l'amélioration de la santé publique dans des domaines tels que la distribution et l'étiquetage des denrées alimentaires ;

- de meilleures performances en matière d'innovation ;

- l'utilisation plus rationnelle des ressources naturelles et la réduction des niveaux de pollution, par des investissements dans l'éco-innovation et l'adoption volontaire de systèmes de gestion environnementale ;

- une image plus positive de l'entreprise et du chef d'entreprise dans la société ;

- un plus grand respect des droits de l'homme et des normes fondamentales du travail, en particulier dans les pays en développement ;

- le recul de la pauvreté.

Pour atteindre ses objectifs, la Commission envisage notamment de développer des coalitions de coopération ouverte et d'aider les entreprises à intégrer des considérations sociales et environnementales dans leurs opérations commerciales de la chaîne d'approvisionnement. Dans leur ensemble, les syndicats ont critiqué la position de la commission, ainsi W. Cerfada, secrétaire confédéral de la CES (Confédération des syndicats européens) chargé des relations avec l'industrie et du dialogue social a-t-il déclaré :

« *Nous sommes d'accord avec l'aspect volontaire des démarches RSE, mais pas avec l'auto-référentialité ou l'unilatéralité. Il faut un cadre communautaire, les entreprises ne peuvent pas décider seules ce qui relève de la RSE et ce qui n'en relève pas. Nous demandons la publication d'un rapport annuel RSE pour les grandes entreprises, ensuite nous souhaitons obtenir des standards sur tous les aspects de la gouvernance de l'entreprise : certification du produit final, transparence et qualité de toute la chaîne de production, traçabilité des produits et des fournisseurs. Nous souhaitons également que les entreprises ayant une vraie politique RSE bénéficient d'un accès privilégié aux fonds communautaires et que l'élaboration de codes de conduite et de labels soit contrôlée par la Commission en concertation avec les syndicats et les ONG. Enfin, la mise en place d'agences de certification nous semble indispensable pour assurer le contrôle des politiques RSE[1].* »

Nous avons retenu deux cas très différents : la société Nike et la société Carrefour. On sait que Nike fut l'une des premières à être interpellée sur le fondement de l'article 17200 du Business and Profession Code de l'État de Californie (qui donne au consommateur la possibilité d'intenter une action contre tout opérateur économique aux pratiques déloyales, trompeuses ou illégales[2]). Quant à la société Carrefour, elle a créé avec la FIDH une association originale.

Après avoir exposé ces cas, nous traiterons l'audit de la RSE à chacun des trois niveaux suivants : engagements, process et politiques puis résultats. Enfin nous évoquerons l'audit de la RSE dans le cadre de la notation extra-financière.

---

1. Novethic, *La Lettre de l'économie responsable*, n° 44, mai 2006.
2. Nike a été conduit devant un tribunal californien en 2003, du fait d'un activiste des droits de l'homme du nom de Kasky, qui lui reprochait d'avoir tenu des propos « trompeurs » en réponse aux accusations sur les conditions de travail de certains de ses employés dans ses usines à l'étranger, alors même que l'employeur n'était pas dans l'obligation de répondre aux accusations en question. L'affaire a failli atteindre la Cour suprême des États-Unis. Cependant, une transaction est intervenue entre les parties entre-temps, impliquant un paiement d'un million et demi de dollars par Nike à l'association américaine Fair Labor Association, sans bien entendu que Nike ne reconnaisse un quelconque manquement à l'article 17200. Les abus en Californie ont d'ailleurs été tels qu'une loi a été adoptée à l'automne 2004 afin de restreindre les actions en justice sur ce fondement en exigeant que les consommateurs établissent un préjudice personnel résultant de la pratique incriminée.

1. Le cas de la société Nike[1]

Le code de conduite de Nike date de 1992 et il est demandé aux quelque 150 fournisseurs et sous-traitants des marques Nike et Jordan de le traduire dans leurs langues nationales, ainsi que d'assurer des formations à son sujet.

Nous prendrons l'exemple du travail des enfants : dans son code de 1998, Nike a imposé à ses fournisseurs de fixer l'âge minimum à 16 ans pour le vêtement et à 18 ans pour les chaussures, ce qui était une exigence plus élevée que celle figurant dans le code précédent de 1992, et plus élevée également que celle de l'OIT (Organisation internationale du travail) qui est fixée à 15 ans. Le code de Nike stipule que si un fournisseur ou un sous-traitant emploie un travailleur en dessous de ces âges, il doit le retirer du lieu de travail tout en continuant à le payer, le scolariser, puis lui offrir un emploi lorsqu'il atteint l'âge requis. Mais, ainsi que le reconnaît Nike, si les exigences et la politique sont claires, le contrôle est difficile car les enregistrements comportant les dates de naissance peuvent être falsifiés. Par ailleurs, la scolarisation n'étant pas forcément obligatoire après 15 ans dans certains des pays concernés, le jeune entre 15 et 16 (ou 18) ans est poussé par les exigences de Nike vers le secteur informel et donc il est moins protégé...

Pour comprendre la place et le rôle de l'audit social dans la chaîne d'approvisionnement, nous allons d'abord présenter l'ensemble de la démarche de RSE qui repose sur trois étapes, puis nous développerons les outils qui relèvent de l'audit social proprement dit ou de son environnement immédiat.

1.1. Les trois étapes de la démarche de RSE

Première étape : la procédure d'approbation

Lorsque Nike envisage de contracter avec un nouveau sous-traitant, il applique la procédure suivante, connue sous le nom de NSAP (*New Source Approval Process*) :

---

1. Les informations de ce paragraphe proviennent pour la plupart d'un document intitulé *Workers in contract factories*, qui figurait en 2007 sur le site de Nike ; il ne s'agit pas d'une simple reproduction mais d'une adaptation par les auteurs. Le lecteur souhaitant obtenir des informations plus précises sur les pratiques de Nike est invité à se rendre sur le site www.nike.com.

- définition du profil de l'usine ;
- inspections de la qualité de l'usine ;
- inspection de l'environnement, de la sécurité, de la santé et des conditions de travail (cette inspection est connue chez Nike sous le nom de SHAPE). Cet outil est utilisé par Nike depuis 1997 et directement mis en œuvre par les équipes de production locales. SHAPE prend environ une journée, parfois moins. Il s'agit de dresser à gros traits le portrait des conditions relatives à la santé et à la sécurité sur la base d'un questionnaire. Sur l'exercice 2004-2005, Nike a réalisé 1 000 inspections de type SHAPE ;
- audit social de tierce partie ;
- revue des besoins de la nouvelle usine ;
- approbation du sous-traitant par le département de conformité.

Cette procédure d'approbation est conçue pour éviter à Nike de rencontrer trop de problèmes par la suite. Elle n'est pas de pure forme, puisque sur l'exercice 2004-2005, 43 % des nouveaux candidats n'ont pas été retenus à l'issue de cette étape. Nike signale également que 5 % des entreprises auditées dans le cadre de la NSAP recouraient elles-mêmes à des sous-traitants ou des fournisseurs qui n'avaient pas été audités...

Deuxième étape : l'audit social

Une fois franchie la première étape, Nike dispose de deux catégories d'audit social que sont le M-audit (M pour management) et FLA (Fair Labour Association).

Nike a embauché récemment 21 auditeurs sociaux pour réaliser des M-audits, ce qui porte à 46 le nombre d'auditeurs sur ce sujet. L'auditeur social type a moins de 30 ans, dans trois cas sur quatre c'est une femme, et le plus souvent il s'agit d'un ressortissant local. Les M-audits comprennent des visites d'usine, des contrôles croisés à partir des documents, des interviews sur site avec des travailleurs, des agents de maîtrise et des managers. Notons qu'environ 10 % de ces audits ne sont pas annoncés. Nike préfère donc annoncer les audits et avance comme raison que l'information requise nécessite que les équipes locales la rendent accessible[1]. Nike

---

1. On peut objecter que des risques de fraude peuvent apparaître dans certains cas, car «rendre l'information accessible» peut également se traduire par «fabriquer l'information» pour les besoins de l'audit...

évalue à 34,5 heures de travail la durée moyenne d'un M-audit. Les postes principaux sont les entretiens (23 % du temps de l'auditeur), le traitement des questions relatives au temps de travail et à la rémunération (19 % du temps). Nike a réalisé 291 M-audit en 2004-2005, concernant 652 926 salariés travaillant dans des entités auditées.

L'association FLA, créée à l'initiative du président Clinton, rassemble des entreprises, des universités et des ONG. Son rôle est de vérifier que les marques adhérentes sont en conformité avec un certain nombre de règles, les FLA standards. Une vingtaine de marques, dont Adidas, H&M, Patagonia, Puma, Reebok, adhèrent à FLA. Chaque année, FLA accrédite des audits sociaux indépendants pour 5 % des fournisseurs et sous-traitants de Nike. En 2003, ces audits sociaux indépendants ont permis de mettre en évidence des non-conformités qui, pour l'essentiel, concernaient l'hygiène et la sécurité.

Troisième étape : le désengagement de Nike

En 2002, Nike cesse ses activités avec l'entreprise indonésienne Doson, dont elle était le seul client : 7 000 travailleurs ont alors perdu leur emploi. Conscient des problèmes ainsi posés, Nike a développé une procédure de désengagement[1] qui prévoit :

- que les droits locaux des travailleurs licenciés soient respectés ;
- que les propriétaires de l'usine remplissent leurs devoirs prévus par les lois du travail ;
- que des programmes de soutien aux travailleurs licenciés soient envisagés si les propriétaires ne remplissent pas leurs obligations.

Cette procédure est originale, mais reste modeste dans ses ambitions.

1.2. Les outils de l'audit social

Ni la première ni la dernière étape ne relèvent de l'audit social, mais elles permettent de situer la place et le rôle de l'audit social dans la gestion de la chaîne d'approvisionnement.

La deuxième étape (M-audit et audits accrédités par FLA) est celle des audits sociaux.

---

1. *Factory Exit Response Plan.*

Notons que le M-audit présente la particularité de n'être ni interne ni externe. Il n'est pas interne, car l'entité auditée, l'usine, n'appartient pas à Nike ; il n'est pas externe, car cette usine et ses propriétaires ne sont pas à l'origine de cet audit. Il emprunte à la fois à l'un et à l'autre.

Comme on l'a vu dans le premier chapitre, la planification des audits internes repose sur l'analyse des facteurs de risque. Dans le cas présent, Nike choisit les usines à auditer en fonction des éléments suivants :

* le pays dans lequel est implantée l'usine, car certains pays disposent de moins de garanties juridiques pour les travailleurs ou bien n'en contrôlent pas l'effectivité ;
* l'importance des effectifs ;
* la nature des activités, car les non-conformités ont plus de chances d'être situées dans des usines qui utilisent des solvants ou dans des usines se servant de machines dangereuses ;
* les résultats des audits précédents, car Nike considère que les usines qui travaillent depuis longtemps pour elle présentent moins de risques.

L'auditeur social de Nike se concentre sur l'existence de politiques et de process ad hoc ainsi que sur les entretiens. Il exige que toutes les politiques et procédures soient correctement documentées, c'est-à-dire que la documentation existe et qu'elle soit conforme aux exigences de Nike. Les entretiens ont lieu en face à face sur la base d'un échantillonnage des salariés par catégories (ouvriers, agents de maîtrise et managers).

Enfin, Nike utilise les résultats des audits sociaux et d'autres sources d'information pour noter ses sous-traitants. L'échelle utilisée est révélatrice des priorités de Nike ; elle comprend quatre niveaux (de A à D) :

* A : pas plus de cinq non-conformités mineures mais pas de non-conformité majeure ;
* B : plus de cinq non-conformités mineures, mais pas de non-conformité majeure ;
* C : une ou plusieurs non-conformité(s) de niveau C, mais pas de non-conformité de niveau D. Descriptions des non-conformités de niveau C :
  - absence d'un des documents essentiels relatif à l'emploi : contrat de travail, formation, rémunération, examen relatif à la non-discrimination,
  - non-conformité avec la législation locale relative aux immigrants,
  - rémunération inférieure au minimum légal,

- temps de travail excessif (supérieur à 60 heures hebdomadaires mais inférieur à 72 heures hebdomadaires),

- dépassement de la durée légale annuelle concernant les heures supplémentaires pour 10 % ou plus du personnel,

- absence d'un jour de congé sur sept jours,

- harcèlement moral,

- conditions de travail susceptibles d'entraîner des accidents du travail ou des maladies professionnelles modérés,

- conditions susceptibles d'entraîner des préjudices modérés à l'environnement ou à la communauté ;

- D : une ou plusieurs non-conformités de niveau D. Description des non-conformités de niveau D :

- volonté de ne pas appliquer les standards du code,

- refus d'accès aux personnes autorisées de Nike (inspecteurs, auditeurs),

- falsification d'enregistrements et demande faite aux travailleurs de falsifier des informations,

- travail à domicile ou sous-traitance non autorisée,

- travailleurs en dessous de l'âge requis,

- travail forcé,

- interdiction d'exercer le droit d'association lorsqu'il est légal[1],

- pratique du test de grossesse (il s'agit de pratiques consistant à écarter les femmes enceintes),

- violence physique, abus sexuel,

- rémunération inférieure au minimum légal,

- absence d'enregistrement vérifiable des horaires de travail,

- dépassement des horaires légaux de travail quotidien, ou bien travail hebdomadaire supérieur à 72 heures pour 10 % ou plus de la main-d'œuvre,

- absence d'un jour de repos sur 14 jours,

- conditions de travail susceptibles d'entraîner des accidents mortels ou des blessures graves,

---

1. Cette formulation semble restrictive.

- conditions susceptibles d'entraîner des dégâts sérieux à l'environnement.
- Un cinquième niveau (E) correspond à une absence de notation ou à une information insuffisante.

Tableau 5 – Résultats du rating des sous-traitants de Nike

	Vêtements de sport					Équipement					Chaussures				
	A	B	C	D	E	A	B	C	D	E	A	B	C	D	E
Amérique	23	49	17	4	9	9	8	1	0	8	0	7	0	1	1
EMEA (Europe, Moyen-Orient et Afrique)	11	34	5	32	5	3	4	2	3	2	1	2	0	0	0
Asie du Nord	21	78	16	9	8	9	48	16	5	14	4	21	3	0	0
Asie du Sud	21	60	48	2	45	4	7	6	0	20	0	9	11	0	5
Total	76	221	86	47	67	25	67	25	8	44	5	39	14	1	6

Nike a la volonté d'aider les usines notées C ou D à s'améliorer dans un délai de trois à six mois par la procédure dite « MAP » (*Master Action Plan*) qui est une procédure de « remédiation ». En cas d'échec, Nike cesse ses relations commerciales avec une telle usine.

Nike cite l'exemple d'une usine en Chine qui trichait dans l'établissement de ses relevés, notamment concernant le temps de travail. Après six mois de tentatives infructueuses pour pousser la direction à changer ses habitudes, Nike a rompu ses relations avec elle.

1.3. La procédure MAP (*Master Action Plan*)

Par cette procédure, l'usine mal notée définit avec l'aide des équipes d'audit ce qui doit être changé, et établit un planning contenant des engagements précis qui font l'objet d'un suivi. Nike reconnaît avoir du mal à suivre efficacement l'ensemble des sites en situation de remédiation et appelle de ses vœux une plus grande collaboration des entreprises qui partagent les mêmes fournisseurs et sous-traitants. D'ailleurs Nike a collaboré quelques années avec Gap, la Banque mondiale et la Fondation internationale pour la jeunesse au sein de l'Alliance mondiale (Global Alliance) afin de mener des audits sur des sujets sensibles tels que le harcèlement sexuel, la satisfaction au travail dans les pays asiatiques (Chine, Inde, Indonésie, Thaïlande et Vietnam) car, pour Nike, les audits sociaux traditionnels (M-Audit notamment) ne permettaient pas d'aller aussi loin dans la connaissance des problèmes rencontrés par les travailleurs de ces pays. Cette action n'a pas été poursuivie.

2. Le cas de Carrefour, un partenariat ONG/entreprise[1]

Avec onze enseignes de la distribution (Auchan, Casino, Cora, Leclerc, Monoprix, Camif, etc.), Carrefour est engagé dans l'initiative « clause sociale » destinée à inciter les fournisseurs à respecter les principes universels des droits de l'homme et la réglementation sociale locale dans leurs unités de production. Cette initiative permet de mettre en commun les résultats d'audits sociaux de conformité autour de neuf thèmes (travail des enfants, travail forcé, discrimination, pratiques disciplinaires, harcèlement ou mauvais traitements, liberté d'association, heures de travail, salaires et avantages, santé et sécurité). Ils sont confiés à des cabinets d'audit tels que le bureau Veritas, CSCC, Intertek et SGS.

Carrefour a souhaité aller plus loin en nouant un partenariat avec la Fédération internationale des droits de l'homme (FIDH) dans le but de :

- sensibiliser et former le personnel de l'entreprise et de ses fournisseurs ;
- participer à la définition d'une politique RSE ;
- apporter une expertise, des connaissances spécifiques ;
- définir des indicateurs de progrès ;
- accompagner sur le site.

---

1. Source : *Guide pratique des partenariats stratégiques ONG-Entreprises*, ORSE, décembre 2006.

2.1. Le partenariat Carrefour/FIDH

L'objectif de Carrefour était de concrétiser l'engagement proclamé du groupe en faveur des droits de l'homme. L'objectif de la FIDH était double : contribuer à l'amélioration des droits de l'homme au niveau local et approfondir une expérience lui permettant d'appréhender le fonctionnement d'un groupe multinational.

Les contributions de Carrefour ont été les suivantes :

- engagement formel à respecter et faire respecter par ses fournisseurs l'ensemble des droits fondamentaux au travail, notamment par le respect des normes de l'OIT et de l'ONU ;
- élaboration et mise en œuvre d'une charte fournisseurs fondée sur ces droits ;
- acceptation d'un contrôle externe indépendant et de la possibilité pour la FIDH de rendre publiques les violations avérées (en plus des audits de premier et de deuxième niveau) ;
- engagement en faveur du renforcement du cadre normatif international précisant la responsabilité des entreprises en matière de droits de l'homme auprès d'autres compagnies internationales et d'institutions internationales ;
- engagement en faveur de l'amélioration effective des droits au travail par des formations destinées aux cadres et aux salariés des entreprises fournisseurs au Bangladesh.

Les contributions de l'ONG ont été les suivantes :

- participation initiale à l'élaboration de la charte fournisseurs et contributions à la définition et à la mise en œuvre des audits de deuxième niveau ;
- impulsion et coordination d'un contrôle externe indépendant (y compris l'envoi inopiné d'enquêteurs pour vérifier les conditions de travail chez les fournisseurs) jusqu'en septembre 2002 ;
- impulsion et coordination de formations sur les droits fondamentaux au travail pour les employés et les cadres des usines fournisseurs de Carrefour au Bangladesh, formations dispensées par une association locale.

2.2. Les trois niveaux de contrôle

La coopération entre Carrefour et la FIDH a abouti à la mise en place d'un mécanisme de contrôle et de respect de la charte fournisseurs qui comporte trois niveaux :

- un audit interne réalisé par Carrefour ;
- un audit de deuxième niveau réalisé par un cabinet d'audit indépendant rémunéré par Carrefour ;
- un contrôle externe et indépendant réalisé par la FIDH, dans le cadre d'Infans (association indépendante dont le conseil est toutefois composé majoritairement de membres de la FIDH). Depuis 2002, le mandat d'Infans a évolué avec l'arrêt du caractère systématique du contrôle externe indépendant.

EXTRAIT D'UN RAPPORT RÉALISÉ PAR INFANS

Carrefour explique que l'ensemble de ses fournisseurs actifs au Bangladesh a fait l'objet d'un audit complet et d'un audit sur la mise en œuvre des mesures correctives.

Carrefour convient cependant avec la FIDH que d'une part, ce système volontaire est faillible et d'autre part, qu'il doit pouvoir s'appuyer sur un référentiel et un mécanisme indépendant de contrôle adoptés au niveau international. À la suite de l'effondrement de Spectrum[1], l'aspect conformité des bâtiments a été renforcé dans la grille d'audit. Par ailleurs, Carrefour a décidé d'auditer toutes les unités de fabrication des fournisseurs.

La FIDH insiste également sur l'importance pour Carrefour de mandater des audits des sous-traitants au Bangladesh de certains de ses fournisseurs chinois. Le suivi des mesures correctives demandées à chaque fournisseur devrait être davantage une priorité du bureau de Carrefour au Bangladesh qui devrait se doter d'un *compliance officer* et former mieux les merchandisers de manière à prendre en compte systématiquement l'aspect social lors des visites des usines. En particulier, si un comité des travailleurs existe, la FIDH recommande que les merchandisers ou les représentants de Carrefour les rencontrent lors de visites d'usines.

...

1. Le 11 avril 2005, l'usine Spectrum Sweaters à Savar s'est effondrée, alors que des centaines de travailleurs étaient à leurs postes à une heure avancée de la nuit. Plusieurs étages avaient été rajoutés au bâtiment sans permis de construire. Carrefour avait décidé de cesser ses relations avec ce fournisseur en 2002, cependant une commande de 130 000 pièces a été passée fin 2004, illustration des tensions entre impératifs économiques et sociaux.

La mission a visité plusieurs fournisseurs de Carrefour dans la région de Dhaka. Les usines visitées avaient reçu des notes diverses.

Elle a conduit des audits concernant quatre usines. La première, certifiée SA 8000, est apparue comme offrant des conditions de travail convenables aux ouvriers.

Concernant les trois autres, Infans a constaté certaines non-conformités à la charte plus ou moins importantes. Elle a écrit aux trois entreprises après la visite leur demandant de se conformer à la charte.

Les atteintes à la liberté d'association sont très répandues : soit il n'y a aucune représentation des travailleurs, soit ces représentants sont nommés par la direction.

Le problème des heures supplémentaires dépassant le nombre d'heures légal est récurrent. En outre, le BGMEA[1] avait réussi à faire passer une ordonnance le 30 septembre 2004 autorisant jusqu'à 4 heures supplémentaires par jour. Cette ordonnance n'a pas été renouvelée, mais il n'est pas sûr que les fabricants en aient été informés. Certains fournisseurs de Carrefour disposent d'un manuel à l'attention des ouvriers sur le droit applicable. Il convient d'encourager et de systématiser cette pratique, et d'envisager de développer un manuel pour tous les fournisseurs de Carrefour.

(http://www.fidh.org/IMG/pdf/CRmissionInfanssept2005.pdf)

2.3. Synthèse

L'intérêt des cas Nike et Carrefour consiste à mettre en évidence l'écart (pour ne pas dire le retard) qui caractérise l'approche américaine et l'approche européenne (la France n'étant pas très différente des autres pays avancés de la « vieille Europe »). Certes, Nike représente une part très importante du chiffre d'affaires des fournisseurs et sous-traitants avec lesquels il commerce, ce qui permet à cette entreprise de peser plus lourd que Carrefour, mais force est de reconnaître que Nike s'est doté d'outils de gestion et d'auditeurs sur le sujet dont Carrefour ne possède pas l'équivalent. De même, le rôle très particulier de FLA n'a pas d'équivalent en Europe, et les engagements de Nike en cas de cessation de relations d'affaires sont également sans équivalents.

---

1. Bangladesh garment manufacturers and exporters association.

3. L'audit des engagements en matière de RSE

L'environnement de la RSE est devenu foisonnant du fait de la multiplication de textes et d'initiatives diverses. Aussi, la première tâche de l'auditeur consiste à faire le recensement des textes qui sont applicables du fait d'obligations réglementaires et des textes qui sont applicables par libre choix (même si ce choix est parfois contraint par des tierces parties, telles que les donneurs d'ordre ou les clients).

3.1. Le recensement des textes

Le droit international fournit de nombreux exemples de textes que l'entreprise peut, et parfois doit, appliquer. Nous en citons les principaux sans les détailler, car ils sont tous facilement accessibles sur les sites des institutions qui les ont produits :

- Déclaration universelle des droits de l'homme du 10 décembre 1948 des Nations unies.
- Charte internationale des droits de l'homme de 1976, née de l'entrée en vigueur du pacte international relatif aux droits civils et politiques et du pacte relatif aux droits économiques, sociaux et culturels.
- Convention de l'ONU relative aux droits de l'enfant de 1989.
- Conventions de l'ONU relatives aux discriminations (à l'égard des femmes en 1979 et raciales en 1965).
- Principes et responsabilités en matière de droits de l'homme à l'intention des sociétés multinationales. Ce projet de l'ONU est intéressant dans son contenu, mais la sous-commission de la promotion et de la protection des droits de l'homme dont il émane a rencontré de nombreuses difficultés pour faire valoir sa légitimité du fait de sa composition (sept experts d'États africains, cinq d'États asiatiques, cinq d'États latino-américains, trois d'États de l'Europe de l'Est et six d'États de l'Europe de l'Ouest et d'autres États), jugée non représentative, notamment par les États-Unis.
- Conventions de l'OIT relatives aux principes et droits fondamentaux au travail que nous avons évoquées au premier chapitre, complétées par la déclaration tripartite de 1977 sur les entreprises multinationales et la politique sociale. Si les conventions sont souvent citées et reprises

(notamment dans le pacte mondial), le second texte est le seul texte de caractère universel traitant du travail et de la protection sociale dans les entreprises multinationales. Les principes de la déclaration de 1977 concernent l'emploi, la formation, les conditions de vie et de travail et les relations professionnelles.

- Principes directeurs de l'OCDE à l'intention des multinationales. En dépit du caractère non contraignant de ces principes, les gouvernements se sont engagés à en promouvoir le respect. En France, les « points de contact nationaux » sont gérés par le ministère des Finances.

- Convention européenne des droits de l'homme de 1950. Les violations peuvent être soumises à la Cour européenne des droits de l'homme (Strasbourg).

- Charte des droits fondamentaux de l'Union européenne.

À ces textes émanant d'institutions internationales, il convient d'en ajouter d'autres qui sont des référentiels normatifs que l'entreprise peut décider, plus ou moins librement, d'appliquer. L'application de certains d'entre eux peut déboucher sur une certification tandis que d'autres sont de simples guides pour définir ou développer tel ou tel aspect de la politique de développement durable. Ici aussi, nous nous contentons de citer les normes les plus utilisées sans les présenter entièrement :

- La série ISO 9000, dont nous avons présenté les principes dans le premier chapitre, contient également la norme ISO 9004 : 2000 (non certifiable), qui prend en compte la satisfaction de toutes les parties intéressées et pas uniquement celle des clients. Dans le même esprit, il existe le modèle EFQM qui prend également en compte les parties prenantes.

- La série ISO 14000 consacrée au système de management environnemental. EMAS, anciennement Eco-Audit, prolonge ISO 14001 en ajoutant la nécessité d'une déclaration et d'une communication des résultats.

- La série ISO 26000, intitulée Lignes directrices relatives à la responsabilité sociétale, n'es pas certifiable.

- Afnor Guide SD 21000, qui se compose de trois parties : une aide à la réflexion initiale lors de la définition de la politique, une aide à la mise en œuvre à partir de recommandations hiérarchisées, et des éléments plus opérationnels à intégrer dans le management.

- La norme SA 8000, déjà présentée.

- La norme AA 1000, qui présente la particularité d'aborder l'entreprise sous l'angle des processus pour rendre compte de sa performance sociale, et notamment des processus de prise en compte des attentes des parties prenantes.

- Good Corporation. Il s'agit d'une charte de bonne conduite déclinée en 65 actions à mener. Dans un premier temps, l'entreprise remplit un questionnaire en ligne pour connaître sa situation de départ, puis elle peut être inspectée par un auditeur qui s'attache à la formalisation des politiques, aux processus de déploiement, à l'existence d'indicateurs et à la validation des parties prenantes. En France, Total a longtemps été « Good Corporation ».

Enfin, d'autres textes qui ne sont ni des règlements ni des normes peuvent cependant exercer une grande influence sur les politiques des entreprises, il s'agit de principes édictés par une autorité perçue comme prestigieuse. Ces principes reposent souvent sur les textes précédents, mais ils peuvent également aller plus loin :

- Global Compact (pacte mondial des Nations unies) fut au départ une initiative de son secrétaire général, lui-même inspiré par le révérend Léon H. Sullivan qui avait publié en 1977 les Sullivan Principles à destination des entreprises intervenant en Afrique du Sud. Aujourd'hui, le pacte mondial repose sur dix principes : deux concernent les droits de l'homme, quatre les normes de travail, trois le respect de l'environnement, tandis que le dernier a trait à la lutte contre le blanchiment d'argent et la corruption. Cette initiative lancée à Davos en 1999 a connu un grand succès, mais elle est aujourd'hui critiquée du fait de son manque de contrôle.

- Principes relatifs aux droits humains à l'intention des entreprises d'Amnesty International.

- Principles for Business (Caux Round Table). Fondés en 1986 par le président de Philips et Olivier Giscard d'Estaing de l'Insead, ces principes concernent l'impact économique et social des entreprises, le respect des réglementations, le soutien aux échanges multilatéraux, celui de l'environnement et l'interdiction des opérations illicites.

- MacBride Principles (du nom du prix Nobel de la Paix). Ces principes sont restés limités géographiquement à la région qui les a vus naître, l'Irlande.

Ces exemples montrent la multiplicité des sources qui peuvent produire des obligations. La hiérarchie traditionnelle des textes créateurs d'obligations mérite d'être interrogée, les forces qui poussent une entreprise à se mettre en conformité avec tel ou tel de ces textes sont multiples. Ainsi, une entreprise peut accorder beaucoup d'importance à un engagement figurant dans un code ou une charte parce que des parties prenantes essentielles sont attentives au respect de cette clause. Elle peut également dépenser beaucoup d'argent et d'effort pour qu'un système de management soit conforme à une norme qu'elle a choisi volontairement d'adopter, car elle sait que les auditeurs envoyés par l'organisme certificateur seront vigilants. En revanche, telle contrainte réglementaire peut être jugée sans grande importance si elle n'est pas porteuse d'enjeu, si les vérifications sont quasi inexistantes et les pénalités dérisoires.

Il convient d'établir une collecte des référentiels pertinents quelle que soit leur qualification :

- référentiels juridiques eux-mêmes subdivisés selon leur niveau (international, régional, national, local) et en séparant également les textes qui s'imposent à l'entreprise (conventions internationales, lois, décrets, etc.) des textes qui émanent de négociations internes tels que les ACI (accords cadres internationaux) et autres accords d'entreprise ;

- référentiels normatifs en séparant les normes certifiables de celles qui ne le sont pas ;

- référentiels sectoriels qui dépendent de l'appartenance de l'entreprise à des structures professionnelles ;

  Ainsi Lafarge, au sein du WBCSD (World Business Council for Sustainable Development) participe à l'Initiative Ciment, dont l'objectif est de créer les conditions d'un développement de l'industrie prenant mieux en compte le développement durable notamment en matière d'émission de CO_2.

- référentiels d'engagement volontaire d'origine externe à l'entreprise tels que « Global Compact », « Principes directeurs de l'OCDE », « Global Reporting Initiative », etc. ;

- référentiels d'engagement volontaire d'origine interne, tels que code, charte, credo et autres documents souvent largement médiatisés et diffusés ;

- référentiels d'engagement volontaire d'origine interne provenant de documents moins médiatisés que les précédents, mais dans lesquels figurent également des engagements, par exemple des « lettres ouvertes » à telle ou telle partie prenante, des discours ou des articles des dirigeants dans lesquels figurent des engagements publics, des déclarations d'intention lors d'événements nationaux ou internationaux, parfois de simples campagnes de communication institutionnelle voire commerciale.

3.2. L'inventaire des risques

Le recensement de ces référentiels doit servir à la mise en évidence de l'ensemble des engagements de toute nature auxquels l'entreprise et ses représentants ont souscrit. Aussi surprenant que cela paraisse, très rares sont les entreprises qui tiennent à jour un bilan de leurs engagements dans le domaine du développement durable et de la responsabilité sociale. Plusieurs pièges, et donc plusieurs risques, peuvent advenir. Parfois, les têtes de chapitre étant identiques, un dirigeant peut avoir l'impression qu'il ne prend pas un nouvel engagement quand il signe ou se déclare « contre telle pratique condamnable ».

> Prenons l'exemple du travail des enfants. Les engagements sur ce thème peuvent être très différents selon le référentiel retenu. Pour certains, l'enfant est âgé de moins de 14 ans, généralement c'est 15, mais parfois on trouve 16 et même 18 ans (dans le cas de Nike). De même, l'interdiction de travail des enfants dépend de la définition du « travail » : parfois ce n'est pas le travail qui est défendu, mais uniquement le travail qui ne permet pas la scolarisation, d'autres fois il convient de prendre en compte le revenu de la famille, et la place qu'occupe l'enfant dans le revenu familial. Enfin, certains référentiels relatifs au travail des enfants obligent les entreprises qui y souscrivent à s'engager, en cas de découverte de telles situations, dans des actions de remédiation pour lesquelles elles ne sont pas forcément préparées. De plus, ce type d'engagement ne vaut pour une entreprise occidentale que s'il couvre également les fournisseurs, les licenciés, les franchisés, les sous-traitants, et parfois des référentiels exigent que l'obligation vaille également pour les sous-traitants de deuxième rang et au-delà, c'est-à-dire les sous-traitants des sous-traitants et ce, jusqu'à la fin de la chaîne d'approvisionnement.

Le bilan des engagements dans le domaine de la RSE permet à l'auditeur social de mettre au jour les risques que court l'entreprise du fait de la non-conformité de ses actes à ses engagements : risques juridiques, pénaux parfois, civils, commerciaux, financiers, mais également de réputation car les deux principales exigences de la RSE s'expriment ainsi : « Dire ce que l'on fait (principe de transparence) et faire ce que l'on dit (principe de responsabilité). »

3.3. L'audit des politiques et des process de RSE

Définition des processus RSE

Un processus peut être défini comme un « ensemble d'activités corrélées ou interactives qui transforment des éléments d'entrée en éléments de sortie ».

Chaque processus vise des clients et d'autres parties intéressées (soit internes, soit externes à l'entité auditée) qui sont affectés par le processus et qui définissent les résultats à fournir en fonction de leurs besoins et de leurs attentes.

En fonction du domaine d'activité et de la complexité de l'organisme, les processus RSE doivent en principe être alignés avec les processus de l'organisme et constituer une valeur ajoutée. Cela n'est pas toujours le cas.

Trois types de processus RSE peuvent être identifiés :

- processus stratégique RSE comprenant notamment les processus liés à l'établissement des politiques de responsabilité sociale, à la fixation des objectifs, à la mise en place de la communication interne et de la reddition de comptes ;
- processus de réalisation comprenant toutes les étapes qui permettent de fournir les moyens, de mettre au point les méthodes nécessaires pour agir en conformité avec les principes affichés, à savoir respecter les engagements et obtenir les résultats annoncés ;
- processus de mesure, d'analyse et d'amélioration, nécessaires pour mesurer et recueillir les données utiles pour l'analyse des performances et l'amélioration de l'entreprise dans le domaine de la RSE.

D. Gonzalez a consacré une étude méthodologique aux processus. Elle donne des exemples d'objectif d'analyse de processus, notamment pour évaluer les résultats d'un processus, repérer les niveaux de décision, repérer les gains d'efficacité potentiels, etc.

Nous reproduisons ci-dessous la grille d'analyse qu'elle propose pour le premier objectif : « Évaluer les résultats du processus ». Bien que les exemples développés par l'auteur ressortent d'auto-analyses de DRH, il nous semble que l'auditeur social trouvera également fort utiles ces outils d'analyse dans le cadre des processus de RSE.

Tableau 6 – Évaluer les résultats du processus

	10 indicateurs critiques majeurs	0	1	2	3	4
1	Le processus est bien adapté (ni trop lourd ni trop superficiel) au regard du volume de décision qu'il produit et/ou au regard du pourcentage de la population concernée par une décision « positive ».					
2	Le processus est bien adapté (ni trop lourd ni trop superficiel) au regard des enjeux des décisions qu'il produit (lien avec la stratégie, impact sur l'engagement des salariés et le climat social, coûts financiers).					
3	Les décisions sont prises au sein du processus, et non en dehors (pas/peu de court-circuit du processus).					
4	Les décisions sont en cohérence avec les politiques.					
5	Les décisions sont prises assez vite et au bon moment.					
6	Le processus ne se déroule pas dans l'urgence ; les étapes sont donc toutes respectées et chaque acteur y prend la place qui lui revient.					
7	Les différents rôles (apport d'information, apport d'argument, proposition, discussion, vérification de cohérence, décision, validation finale/opposition) sont bien identifiés et distribués.					
8	Les acteurs participant à la décision sont en majorité légitimes, pertinents, impliqués dans le processus.					
9	L'information en retour auprès des personnes concernées par des décisions est faite. Les décisions sont expliquées et valorisées le cas échéant.					

.../...

.../...

10	Les décisions prises sont exécutées et suivies dans leur mise en œuvre.				
Échelle : 0 = absolument pas ; 1 = non, pas assez, pas bien ; 2 = moyennement ; 3 = plutôt oui ; 4 = oui, tout à fait. Source : D. Gonzalez[1]					

L'audit des résultats de la RSE[1]

Les résultats de la RSE font l'objet d'un rapport qui peut porter un titre tel que « Rapport de développement durable », « Responsabilité sociale et environnementale », « Rapport sociétal et environnemental », ou qui peut faire partie du rapport annuel. Dans le cas français, l'article 116 de la loi NRE de 2001 stipule que le rapport de gestion présenté devant le CA (ou le directoire) comprend des informations sur la manière dont la société prend en compte les conséquences sociales et environnementales de son activité. On peut ajouter que les lois de 2001 sur l'épargne salariale et sur le fonds de réserve des retraites imposent aux fonds d'investissement de communiquer sur les critères sociétaux de leurs choix financiers.

Dans le cas des sociétés présentant de hauts risques technologiques, le rapport de gestion informe également de la politique de prévention mise en œuvre et de la capacité financière de l'entreprise à couvrir sa responsabilité civile. La loi SFIE de 2003 a imposé aux sociétés anonymes de communiquer sur leurs procédures de contrôle interne et, dans le cas des sociétés faisant appel à l'épargne, l'entreprise soumise à des risques industriels et environnementaux doit communiquer sur ses procédures d'évaluation en la matière (certification notamment). Des auteurs ont pu écrire que l'entreprise devait désormais exercer dans ces domaines « une veille responsable »[2].

L'auditeur social est tout naturellement concerné par cette veille responsable et il peut être amené à exprimer une opinion sur la qualité de l'information sociétale contenue dans les rapports. Il n'est cependant pas le seul à exercer cette mission et d'autres acteurs se prononcent sur ce sujet. Il

---

1. «Diagnostiquer et piloter les processus RH. Une démarche, des outils», *Entreprise & Personnel*, n° 264, novembre 2006.

2. M.-P. Blin-Franchomme & I. Desbarrats, « Le droit des affaires saisi par le développement durable : de nouvelles obligations d'information pour les entreprises », *La Modernisation du droit des affaires*, Litec, 2007.

est par ailleurs utile de remarquer, à travers quelques exemples, que les méthodologies ne sont pas (encore) stabilisées. Après avoir étudié le cas du commissaire aux comptes qui, en dehors de sa mission légale, émet parfois un avis sur le rapport de développement durable, nous envisagerons le cas particulier des évaluations par les parties prenantes pour proposer, à partir de la GRI, la démarche qui pourrait devenir celle de l'auditeur sociétal.

Le commissaire aux comptes

Il convient de distinguer le rôle du commissaire aux comptes selon que les informations environnementales et sociales figurent dans le rapport de gestion ou dans un rapport de développement durable indépendant. Dans le premier cas, qui correspond entièrement au cadre légal de l'article 116 de la loi NRE, la Compagnie nationale des commissaires aux comptes (CNCC) a émis un avis dans lequel elle précise qu'il appartient au commissaire aux comptes de considérer si ces informations ont une incidence sur la situation financière des entreprises et si, par conséquent, il lui revient d'en vérifier la concordance et la sincérité.

« *Dans le cadre de cette vérification de concordance et de sincérité, le commissaire aux comptes vérifie que les informations sociales et environnementales chiffrées, portant sur la situation financière et les comptes, ainsi que les méthodes de présentation et d'évaluation indiquées dans le rapport de gestion, sont en accord avec les comptes annuels ou consolidés, et plus particulièrement avec le contenu de l'annexe. Dans le cas où l'information n'est pas précisée dans les comptes annuels ou consolidés, le commissaire aux comptes effectue les rapprochements nécessaires avec les données de base contenues dans la comptabilité. Cette vérification s'appuie sur les résultats des travaux effectués lors de l'audit des comptes. Le commissaire aux comptes apprécie également si ces informations ne sont ni déformées ni susceptibles d'être mal interprétées et permettent une information appropriée. Il considère en particulier si l'entité accompagne ses informations sociales et environnementales des définitions et principes retenus. S'agissant de la vérification d'informations de synthèse, souvent issues de rapports détaillés dédiés sur la manière dont la société prend en compte les conséquences sociales et environnementales de son activité, le commissaire aux comptes pourra estimer utile d'utiliser les travaux d'un expert, et notamment ceux du vérificateur externe retenu pour valider l'objectivité des données détaillées spécifiques à la base de ces rapports dédiés.* » (Avis technique de la CNCC.)

Dans le second cas, c'est-à-dire dans le cas du rapport indépendant, il convient de préciser qu'il ne s'agit plus de la mission légale du commissaire, et que l'entreprise a le droit de demander l'expression d'un avis sur la qualité des informations à « un vérificateur externe »... ou de se passer d'un tel avis. Les commissaires aux comptes sont souvent sollicités, notamment dans le cas des sociétés du CAC 40. Il faut dire que la première certification d'un rapport environnemental remonte à 1993.

La Fédération internationale des comptables (International Federation of Accountants, IFAC) a créé l'IAASB (Comité international des normes d'audit et de mission d'assurance) afin d'élaborer et de publier, sous son autorité, des normes de haute qualité pour les missions d'audit, d'assurance et de services connexes. Les normes internationales de missions d'assurance (International Standards on Assurance Engagements, ISAE) s'appliquent aux missions d'assurance relatives à des sujets autres que des informations financières historiques, donc aux rapports de développement durable.

C'est la norme ISAE 300 qui, depuis 2005, sert de référence aux commissaires aux comptes[1]. L'encadré ci-dessous présente un exemple d'application de la méthode de travail des commissaires aux comptes. Deux niveaux d'assurance sont possibles en fonction de l'importance des travaux (et donc du budget dégagé par l'entreprise pour ce travail) : assurance modérée ou assurance raisonnable.

> **EXTRAIT DU RAPPORT DES COMMISSAIRES AUX COMPTES CONCERNANT LE RAPPORT DE DÉVELOPPEMENT DURABLE DE TOTAL PAR ERNST & YOUNG AUDIT ET KPMG AUDIT (20 MARS 2006, SITE TOTAL)**
>
> « À la suite de la demande qui nous a été faite, nous, commissaires aux comptes de Total, avons effectué un examen visant à nous permettre d'exprimer une assurance modérée sur les indicateurs environnementaux et sociaux sélectionnés par Total (« les données ») pour l'exercice 2005 et qui sont signalés dans ce rapport par le symbole *[2].
>
> Ces données ont été préparées sous la responsabilité de la direction stratégie et évaluation des risques pour les données environnementales, et de la
>
> ...

---

1. Pour une présentation de cette norme, voir J. Igalens, « Comment évaluer les rapports de développement durable », *Revue française de gestion* », n° 152, septembre-octobre 2004, p. 151-166.
2. On remarque dans le rapport que seul un petit nombre d'indicateurs ont fait l'objet de l'attestation des cabinets d'audit.

direction des ressources humaines et de la communication pour les données sociales du groupe Total conformément :

- à la directive corporate pour le reporting de la performance environnementale du Groupe et à la directive corporate pour le reporting des émissions de gaz à effet de serre ;
- aux procédures relatives à la réalisation du panorama social mondial d'une part, et du reporting semestriel des effectifs d'autre part, ci-après nommés « les référentiels », consultables au siège du Groupe et dont certains éléments figurent en page 79. Il nous appartient, sur la base de nos travaux, d'exprimer une conclusion sur ces données.

Nature et étendue des travaux

Nous avons mis en œuvre les diligences suivantes, conduisant à une assurance modérée que les données sélectionnées ne comportent pas d'anomalie significative. Une assurance de niveau supérieur aurait nécessité des travaux de vérification plus étendus.

Nous avons apprécié les référentiels au regard de leur pertinence, leur fiabilité, leur objectivité, leur caractère compréhensible et leur exhaustivité.

Nous avons mené des entretiens auprès des personnes concernées par l'application des référentiels à la Holding et au sein des branches : exploration & production, gaz & électricité, raffinage & marketing et chimie.

Nous avons réalisé des travaux de détail sur 12 sites sélectionnés pour les données environnementales, représentant de 17 à 36 % des données consolidées du groupe selon les indicateurs, et auprès de 7 filiales sélectionnées pour les données sociales, représentant 11 % des effectifs consolidés du groupe.

Pour ces sites et filiales, nous avons vérifié la compréhension et l'application des référentiels et, sur la base de sondages, nous avons vérifié les calculs, effectué des contrôles de cohérence et rapproché les données avec les pièces justificatives.

Enfin, nous avons testé par sondage les calculs et vérifié la consolidation des données aux niveaux des branches et de la holding.

Informations sur les procédures

Des informations pertinentes et précises sur l'établissement des données et notamment sur le périmètre de reporting sont fournies par le groupe en pages 78 et 79 de ce rapport.

Le processus de reporting appelle de notre part les commentaires suivants [NB : nous ne reproduisons pas le paragraphe relatif à l'environnement] :

- Reporting social : il est réalisé à partir d'un outil informatique correctement déployé dans le groupe. Les procédures relatives à la remontée de

•••

ces informations nécessitent d'être complétées ; les définitions des indicateurs doivent être précisées pour en faciliter la compréhension et l'application hors de France compte tenu de la diversité des droits et pratiques. Au sein des filiales, la documentation des données doit être améliorée et les contrôles internes formalisés et renforcés afin de pérenniser la fiabilité du reporting.

- Conclusion : au cours de nos travaux, nous avons constaté sur certains sites visités dans les branches exploration & production et raffinage des anomalies sur l'indicateur « tonnages de déchets dangereux traités en externe », principalement des erreurs de classification. Pour ces sites, ces erreurs ont été corrigées.

Sur la base de nos travaux et sous cette réserve, nous n'avons pas relevé d'anomalie significative de nature à remettre en cause le fait que les données examinées ont été établies, dans tous leurs aspects significatifs, conformément aux référentiels mentionnés. »

On remarque ici que le commissaire aux comptes débute son rapport en rappelant que l'information présentée relève de la responsabilité des personnes chargées de l'établir, et que sa responsabilité consiste à contrôler cette information à partir de travaux (« les diligences ») qui sont décrits et à partir de critères qui sont précisés : pertinence, fiabilité, objectivité, compréhensibilité et exhaustivité.

La pertinence renvoie à la capacité de rendre compte de façon justifiée des impacts sociaux et environnementaux significatifs. La fiabilité signifie que le rapport décrit clairement le dispositif de collecte et de consolidation des données et les contrôles associés. L'objectivité, c'est de ne pas être affecté par des considérations orientées et s'inspirer des meilleures pratiques observées. La compréhensibilité s'incarne dans des règles de calcul clairement définies pour éviter tout risque d'interprétation. Il convient également que tout changement de méthodes soit justifié et que le suivi des données puisse être effectué en tenant compte de l'impact du changement sur les résultats. Enfin, l'exhaustivité prend en compte la source d'impact de l'ensemble des activités et justifie les éventuelles exclusions.

AA 1000 AS

La norme d'assurance de l'ONG Account Ability se situe à l'intérieur d'une série (AA 1000 Serie) qui comporte également une norme d'établissement de rapport et des guides à l'usage des entreprises en matière de développement durable.

L'assurance délivrée par un prestataire dépend des éléments suivants :

- information disponible ;
- suffisance de preuves ;
- systèmes et procédures sous-jacents ;
- qualité du contrôle interne ;
- existence d'assurance pour certains aspects spécifiques, par exemple de certifications obtenues ;
- ressources allouées par l'entreprise qui a produit le rapport pour l'assurance ;
- contraintes légales ou commerciales ;
- compétences du prestataire d'assurance.

Le fait de faire figurer ce dernier critère est intéressant, car la question des compétences du prestataire d'assurance en matière de rapports de développement durable est une question essentielle, mieux abordée dans la norme AA 1000 AS que dans la norme ISAE 3000. Les trois critères de qualité de l'information, dans le cadre de AA 1000 AS, sont le principe d'importance relative, le principe de complétude et le principe de réactivité :

- principe d'importance relative : le vérificateur doit évaluer si les parties prenantes ont toute l'information nécessaire afin de prendre des décisions et d'émettre des jugements ;
- principe de complétude : le vérificateur doit évaluer à quel point l'entreprise identifie et comprend les aspects matériels de sa performance « développement durable » ;
- principe de réactivité : le vérificateur doit évaluer si l'entreprise a bien tenu compte des demandes des parties prenantes et si elle a correctement communiqué les réponses dans son rapport.

Les parties prenantes

Les parties prenantes peuvent être amenées à évaluer tout ou partie du rapport de développement durable. Nous allons présenter le cas de Lafarge, qui a établi un panel de parties prenantes et inclut leur évaluation dans son rapport.

ÉVALUATION PAR LES PARTIES PRENANTES : LE CAS DE LAFARGE

Présentation du panel

« Les membres de nos panels exercent un œil critique sur le groupe et proposent de nouvelles perspectives sur nos enjeux actuels. Ils apportent un éclairage extérieur, expriment leurs opinions sur les pratiques du groupe et l'incitent à aller toujours plus loin. Ils sont choisis pour leurs connaissances et leur expérience du terrain. Entièrement indépendants, les panels sont consultés régulièrement et abordent des questions stratégiques. Ils émettent des recommandations et chaque fois, gouvernance oblige, un consensus doit être trouvé. Ses membres se penchent sur tous les enjeux de développement durable propres à Lafarge : mise en place d'une politique de diversité au niveau des collaborateurs, développement d'actions de lobbying responsable, évaluation des réalisations du groupe, etc. Le panel est consulté deux fois par an par le comité exécutif. »

Jugement du panel (extraits)

« La majorité d'entre nous trouve le rapport facile d'accès pour le lecteur et bien structuré, même si le positionnement de la plupart des indicateurs exclusivement dans une partie dédiée plutôt que dans le texte en complique la compréhension.

Cependant, un membre a encouragé plus d'exemples concrets et un style moins abstrait, alors qu'un autre demandait des textes plus concis et l'inclusion de données dans la section management. De façon générale, nous avons relevé des cas de formulations vagues et d'affirmations non étayées. Pour remédier à cela, en tenant compte des contraintes d'espace, nous suggérons de fournir plus de détails en annexe sur le site web du groupe, et nous recommandons davantage de précision là où cela est possible. Nous saluons l'inclusion de nouveaux indicateurs sur les achats, les évaluations des dirigeants, etc. Toutefois, pour les données sociales et économiques, nous apprécierions une répartition par activité ou par pays. Nous apprécions la transparence de Lafarge concernant certaines faiblesses, telles qu'une baisse de la performance du groupe, en matière de sécurité ou d'émissions, ou son retard par rapport à ses concurrents sur la certification ISO 14001. Mais nous sommes déçus de ne trouver que peu d'explications des causes de ces faiblesses et de propositions d'actions correctives. Nous apprécierions aussi plus de débat sur l'impact des acquisitions du groupe sur son exposition au risque et les variations de performances. Par exemple, Lafarge évoque ses acquisitions en Chine, mais les enjeux sociaux et environnementaux qui y sont associés ne sont pas discutés. Nous aimerions en savoir plus sur les mesures engagées pour satisfaire aux engagements du groupe vis-à-vis des normes et standards internationaux. Enfin, nous nous inquiétons du manque récurrent de reporting sur les émissions de polluants organiques persistants.

...

> Pour la performance, nous apprécions les progrès réalisés sur les questions sociales et les impacts environnementaux opérationnels, mais nous considérons que le groupe doit s'améliorer dans deux domaines : la stratégie de gestion de l'eau et l'impact sur les communautés locales. Nous aimerions voir des données couvrant les principaux impacts sur les employés et leurs familles, les fournisseurs, etc., depuis l'installation jusqu'à la fermeture et la réhabilitation d'un site, surtout dans les pays du Sud. Au-delà des indicateurs, le rapport bénéficierait de courtes études de cas avec des références à des rapports locaux plus détaillés disponibles en ligne. Enfin, certains objectifs du groupe à court terme devraient être complétés par des objectifs à plus long terme, particulièrement sur les émissions globales de CO_2, vu l'expansion du groupe dans des économies en plein essor comme la Chine. »
>
> Source : www.lafarge.fr

L'intérêt du jugement des parties prenantes sur le rapport de développement durable semble évident, mais sa réalisation soulève de nombreuses questions, qui portent notamment sur les points suivants :

- Comment est effectué le choix du panel ?
- Comment assurer son indépendance ?
- Quelles sont les garanties données au lecteur du rapport concernant une éventuelle censure des propos tenus ?
- Comment travaillent les membres du panel, quels moyens sont mis à leur disposition, quelle est la fréquence des réunions ?
- Les membres du panel disposent-ils de moyens d'investigation ?
- Comment sont-ils rémunérés ?

L'auditeur sociétal

En matière d'audit des résultats de la RSE et notamment à travers le rapport de développement durable, il existe un référentiel qui rencontre beaucoup de succès (la G3 de la GRI). Paradoxalement, un corps de professionnels indépendants et compétents s'appuyant sur ce référentiel n'a pas encore vu le jour. L'enjeu est ici celui de l'« assurance » du rapport, c'est-à-dire la part de confiance ou de certitude qu'un auditeur fournit aux parties intéressées par ce rapport[1].

Nous présenterons donc les dix critères d'évaluation de la G3 de la GRI : l'inclusivité des parties prenantes, la matérialité et la pertinence, le

---

1. Voir sur ce point, J. Igalens., « Comment évaluer les rapports de développement durable ? », *op. cit.*

contexte de durabilité (*sustainability context*), l'exhaustivité, l'équilibre, la comparabilité, l'exactitude, l'opportunité, la clarté, l'assurabilité[1] ainsi que, pour chacun d'entre eux, les questions principales que l'auditeur sociétal doit poser.

Inclusivité des parties prenantes

L'organisation doit identifier les parties concernées et expliquer comment elle a répondu à leurs préoccupations dans le rapport.

Les résultats de l'implication des parties concernées influencent un large éventail de décisions relatives au rapport. Les organisations ont le choix entre différents types d'implication des parties concernées.

Il peut s'agir d'une implication destinée à informer les parties de procédures organisationnelles ou professionnelles en cours, ou d'une implication spécifique dans le cadre de l'élaboration du rapport par l'organisation. Les parties concernées peuvent être internes à l'organisation (ses employés) ou externes à celle-ci (les communautés locales).

En matière d'implication des parties concernées, une organisation peut recourir à une méthode standardisée ou concevoir sa propre approche. Le processus d'implication devrait être suffisamment systématique pour garantir que les positions des parties sont bien comprises.

Pour qu'un rapport soit assurable, le processus d'implication des parties concernées doit être documenté. L'organisation doit expliquer clairement et ouvertement l'approche qu'elle a adoptée pour définir les parties avec lesquelles elle est entrée en contact, quand et comment elle est entrée en contact avec elles, et dans quelle mesure ce contact a influé sur le contenu du rapport et les activités de l'organisation en termes de durabilité.

Ainsi, le rapport sur la durabilité peut ne pas suffire à répondre intégralement aux besoins d'information de toutes les parties, notamment lorsque ces dernières témoignent d'intérêts aussi larges que divers. Dès lors, les hypothèses posées par une organisation quant aux parties utilisatrices du rapport constituent une information importante en vue de comprendre le contexte d'élaboration dudit rapport et les décisions qui ont présidé à

---

1. L'intégralité de ces critères se trouve sur le site de la GRI, dans un fichier intitulé « g3guidelinesfr.pdf », dont la reproduction est autorisée en vue de l'élaboration d'un rapport sur la durabilité sans accord préalable de la GRI. La version présentée a cependant été notablement modifiée pour les besoins de l'auditeur social.

son élaboration. L'organisation peut signaler les parties dont elle prévoit qu'elles utiliseront le rapport.

Une organisation qui s'avère incapable d'identifier ses parties prenantes et d'entrer en contact avec elles sera moins susceptible de proposer des rapports répondant aux besoins des parties et donc entièrement crédibles pour l'ensemble d'entre elles. En revanche, une implication systématique des parties accroît la réceptivité de ces dernières et l'utilité du rapport.

ÉVALUER L'INCLUSIVITÉ

- L'organisation est-elle à même de décrire les parties envers lesquelles elle s'estime redevable et identifie-t-elle les parties dont elle juge qu'elles utiliseront le rapport ?
- Le contenu du rapport est-il issu des résultats des procédures d'implication des parties prenantes ?
- Les procédures d'implication sous-tendant les décisions relatives au rapport sont-elles cohérentes par rapport à la portée et aux limites du rapport ?

Pertinence et matérialité

Les informations reprises dans un rapport doivent traiter des questions et indicateurs susceptibles d'influer sensiblement sur les décisions des parties utilisatrices du rapport.

La pertinence et la matérialité sont des concepts qui contribuent à définir le contenu d'un rapport. Une organisation est confrontée à un large éventail de questions pouvant être abordées dans un rapport. Les questions et indicateurs pertinents sont ceux qui peuvent être raisonnablement jugés importants en ce qu'ils influencent les décisions de l'organisation et des parties utilisatrices du rapport et méritent dès lors l'inclusion potentielle dans un rapport. La matérialité représente le seuil à partir duquel une question ou un indicateur acquiert une importance suffisante pour y être inclus. Elle permet aussi d'évaluer la priorité relative des questions et indicateurs.

La pertinence et la matérialité des informations relatives à la durabilité sont déterminées en envisageant à la fois le management ou les priorités de l'organisation, l'impact des activités de celle-ci sur la durabilité et les intérêts des parties dans les activités actuelles et futures de l'organisation. Des facteurs tels que la mission globale et la stratégie de concurrence de l'organisation, les préoccupations exprimées par les parties et l'ampleur de l'influence de l'organisation dans sa chaîne de valeur influent sur l'évaluation du degré de priorité des éléments à inclure dans le rapport.

Les rapports sur la durabilité et l'ensemble des informations qu'ils reprennent devraient étayer les évaluations de performance et les décisions prises par les parties à propos de l'organisation.

Cela peut entraîner une diffusion des informations destinées aux parties externes sous un format différent de celui réservé à un usage interne et à des fins de gestion quotidienne. Toutefois, de telles informations ont leur place dans un rapport, dès lors qu'elles peuvent étayer des décisions qui peuvent déboucher sur des actions susceptibles d'influer de manière significative sur les performances de l'organisation ou de traiter de préoccupations majeures des parties prenantes.

Le rapport doit être essentiellement consacré à la diffusion et l'explication des performances dans les matières les plus importantes pour les utilisateurs et sur lesquelles l'organisation a l'impact le plus significatif en termes de durabilité. Les autres questions doivent être incluses elles aussi, mais se voir accorder une importance moindre. L'organisation doit expliquer les procédures appliquées en vue d'arrêter la hiérarchie des questions traitées dans le rapport.

En ce qui concerne les rapports sur la durabilité, la matérialité n'est pas uniquement un seuil au-delà duquel toutes les informations revêtent une importance égale, mais aussi un reflet du degré de priorité relative de chacune et du niveau d'intérêt qu'elle revêt.

ÉVALUER LA PERTINENCE ET LA MATÉRIALITÉ

Facteurs externes

Pour définir les questions importantes, l'organisation tient-elle compte de facteurs externes, parmi lesquels :

- les questions/intérêts essentiels soulevés par les parties en termes de durabilité ?
- les questions principales soulevées par le secteur et relayées par les pairs et les concurrents ?
- les réglementations, législations ou conventions volontaires locales, régionales, nationales et internationales revêtant une importance stratégique pour l'organisation ?
- les risques et potentialités qu'on peut raisonnablement estimer en termes de durabilité (par exemple, réchauffement climatique, VIH-sida, pauvreté),

...

identifiés via des investigations sérieuses effectuées par des personnes ou des instances disposant de l'expertise ou d'un crédit reconnu dans le domaine concerné ?

Facteurs internes

Pour définir les questions importantes, l'organisation tient-elle compte de facteurs internes, parmi lesquels :

- les principales valeurs, politiques et stratégies de l'organisation, ainsi que ses systèmes de gestion opérationnelle, buts et objectifs ?
- les grands risques auxquels l'organisation doit faire face ?
- les facteurs essentiels au succès de l'organisation ?
- les compétences clés de l'organisation et la façon dont elles contribuent au développement durable ?

Contexte de durabilité

L'organisation doit présenter ses performances dans le contexte de durabilité pour autant que ce contexte présente une valeur d'interprétation significative.

Les informations relatives aux performances doivent être mises en contexte. La question qui sous-tend l'élaboration de rapports sur la durabilité est de savoir dans quelle mesure une organisation contribue à l'amélioration ou à la détérioration du cadre économique, environnemental et social au niveau local, régional ou mondial. L'organisation qui se contente de rendre compte de l'évolution des performances individuelles (ou de son efficacité) ne parviendra pas à répondre à cette question. Dès lors, les organisations doivent rechercher le moyen d'exprimer leurs performances individuelles par rapport à la durabilité environnementale et sociale, dans un sens plus large. Cela implique d'envisager les performances de l'organisation dans le contexte des limites et des exigences posées aux ressources environnementales ou sociales au niveau concerné.

Cela pourrait par exemple signifier qu'en plus de rendre compte des tendances en matière d'efficacité environnementale, une organisation présenterait aussi la contrainte absolue qu'elle exerce en termes de pollution par rapport à la capacité de l'écosystème régional à absorber les substances polluantes concernées. L'articulation la plus claire consiste, dans le domaine environnemental, à énoncer les limites globales d'exploitation des ressources et de niveau de pollution, mais elle peut aussi avoir son importance en ce qui concerne des objectifs sociaux et économiques tels que, par exemple, les objectifs nationaux ou internationaux sur le plan socio-économique ou en termes de développement durable.

La stratégie de développement durable et la stratégie commerciale de l'organisation offrent un contexte essentiel pour envisager les performances. Le lien entre contexte de durabilité et stratégie de l'organisation doit apparaître clairement, au même titre que le contexte d'évaluation des performances.

ÉVALUER LE CONTEXTE DE DURABILITÉ

- L'organisation expose-t-elle sa conception du développement durable et s'inspire-t-elle des meilleures mesures disponibles en matière de développement durable pour les questions abordées dans le rapport ?
- L'organisation présente-t-elle ses performances dans le contexte et par rapport aux objectifs plus larges du développement durable, tels que reflétés dans les publications scientifiques ?
- L'organisation présente-t-elle ses performances d'une manière qui tente de faire prendre conscience de l'ampleur de son impact et de sa contribution dans les contextes géographiques appropriés ?
- Le rapport expose-t-il la nature du lien entre d'une part les grandes questions de durabilité, et d'autre part la stratégie, les risques et les potentialités à long terme de l'organisation, y compris pour les questions de chaîne d'approvisionnement ?

Exhaustivité

L'exhaustivité renvoie à la fois aux pratiques de collecte d'informations (il convient par exemple de veiller à ce que les données compilées incluent les résultats de tous les sites dans les limites du rapport), et à l'évaluation du caractère fondé et approprié de la présentation des informations. L'exhaustivité intègre essentiellement les notions de portée, de limites et de temps.

La portée fait référence à l'éventail des questions de durabilité abordées dans un rapport et supposées répondre aux attentes du principe de pertinence et de matérialité. L'ensemble des questions et indicateurs traités devrait être suffisant pour permettre aux parties utilisatrices supposées du rapport d'évaluer les performances de l'organisation. Pour déterminer si cette information est suffisante pour les parties, il convient de se baser à la fois sur les procédures d'implication des parties et sur les grandes préoccupations sociales qui pourraient n'avoir pas été mises au jour dans le cadre de ces procédures.

La notion de limites renvoie au nombre d'entités (filiales, joint-ventures, etc.) dont les performances sont présentées dans le rapport. L'organisation qui fixe les limites d'un rapport doit envisager les entités qu'elle contrôle (on parle souvent de « limites de l'organisation » ou de « périmètre », en renvoyant à des définitions utilisées dans les rapports financiers), et les entités sur lesquelles elle exerce une influence (on parle souvent des « limites opérationnelles »). Les limites peuvent varier en fonction des questions ou types d'informations spécifiques rapportées.

En matière de collecte d'informations, l'importance stratégique d'une entité donnée dépend de l'ampleur des impacts qu'elle a sur la durabilité. En règle générale, les entités qui ont des impacts importants engendrent les risques les plus grands pour l'organisation et les parties concernées, et sont donc les entités dont l'organisation est la plus susceptible d'être tenue responsable et qui sont également les plus susceptibles d'affecter la perception des performances de l'organisation en matière de durabilité.

Concernant le temps, les informations sélectionnées doivent être complètes et renvoyer à la période visée par l'organisation. Dans la mesure du possible, les activités, événements et impacts seront présentés pour la période au cours de laquelle ils ont lieu. Cela implique de rendre compte des activités qui, si elles n'ont qu'un impact minimal à court terme, ont un effet cumulatif sensible et raisonnablement prévisible, qui peut s'avérer inévitable, voire irréversible à plus long terme (comme, par exemple, pour les polluants bio-accumulatifs ou persistants). Les estimations faites par l'organisation des impacts futurs (positifs et négatifs) doivent être bien pesées et fondées sur la meilleure compréhension qu'a celle-ci de l'ampleur, de la nature et de la portée desdits impacts. Bien qu'incertaines par nature, ces estimations peuvent fournir de précieuses informations en vue de la prise de décisions, pour autant que leurs fondements soient clairement exposés et leurs limites clairement reconnues. En outre, faire part de la nature et de la probabilité de tels impacts, même s'ils ne risquent de se concrétiser qu'à l'avenir, s'inscrit dans la lignée de l'objectif d'une présentation équilibrée et raisonnable des performances économiques, environnementales et sociales de l'organisation.

ÉVALUER L'EXHAUSTIVITÉ

- Le rapport traite-t-il de questions et d'indicateurs hiérarchisés sur la base de la matérialité, du contexte de durabilité et de l'implication des parties et a-t-il été élaboré en tenant compte de la chaîne de valeur dans son ensemble ?
- Sauf mention contraire, le rapport inclut-il toutes les entités sur lesquelles l'organisation exerce un contrôle ou une influence significative ?
- Les informations du rapport comprennent-elles toutes les actions ou événements importants au cours de la période visée, ainsi que des estimations raisonnables des impacts futurs significatifs d'événements passés, dès lors que ces impacts sont raisonnablement prévisibles et peuvent s'avérer inévitables ou irréversibles ?
- Le rapport n'omet-il aucune information pertinente susceptible d'influencer les décisions des parties prenantes ?
- Les limites du rapport sur la durabilité s'étendent-elles à toutes les entités qui produisent des impacts appréciables (réels ou potentiels) sur la durabilité et/ou sur lesquelles l'organisation exerce un contrôle ou une influence significative ?
- Ces entités peuvent-elles être incluses dans le rapport, soit en recourant à des indicateurs de performances opérationnelles ou de management, soit par des descriptions purement narratives ?

Équilibre

Le rapport doit proposer une présentation équilibrée et raisonnable des performances de l'organisation. La présentation globale du contenu du rapport et des informations afférentes à des questions spécifiques doit offrir une image fidèle des performances de l'organisation et éviter toute sélection, omission ou format de présentation susceptible d'exercer une influence indue ou inadéquate sur les décisions et jugements du lecteur du rapport. Le rapport doit inclure les résultats favorables et défavorables et traiter toute question importante susceptible d'influencer les décisions des parties en fonction de leur matérialité. Il doit opérer une distinction claire entre la présentation des faits et l'interprétation des informations par l'organisation.

- Le rapport met-il en avant les résultats et les questions, qu'ils soient positifs ou non ?
- L'information reprise dans le rapport est-elle présentée sous un format qui permet à l'utilisateur de noter les tendances positives et négatives en matière de performance ?
- L'accent mis sur les différents contenus du rapport est-il proportionnel à la matérialité relative des questions ou informations ?

Comparabilité

L'information rapportée doit demeurer cohérente et être compilée et présentée d'une manière qui permette aux parties utilisatrices du rapport d'analyser l'évolution des performances de l'organisation au fil du temps et par rapport à d'autres organisations.

La comparabilité est à la base de l'interprétation des performances. Les parties utilisatrices du rapport doivent être en mesure de comparer les informations relatives aux performances économiques, environnementales et sociales à l'aune des performances antérieures et des objectifs de l'organisation, mais aussi des performances d'autres organisations. La cohérence du calcul des données et de la présentation du rapport d'une année sur l'autre, ainsi que l'explication des méthodes et des hypothèses exploitées dans le cadre de la préparation de l'information, sont autant d'éléments qui facilitent la comparabilité. La cohérence permet aux parties internes et externes d'étalonner les performances et d'évaluer les progrès accomplis en vue d'estimer les activités, les décisions d'investissement, les programmes de soutien, etc. L'organisation doit inclure des données à caractère absolu et des données normalisées, afin que les utilisateurs puissent procéder aux comparaisons analytiques appropriées.

Lorsque interviennent des modifications des limites, de la portée, de la période visée ou du contenu (y compris dans la conception, les définitions et l'utilisation d'indicateurs dans le rapport), les organisations doivent, dans la mesure du possible, reprendre les éléments actuels en regard des données historiques (ou vice versa), afin que les séries chronologiques et les comparaisons entre organisations soient fiables et significatives. Si elle procède autrement, l'organisation doit en expliquer les raisons et envisager les implications en matière d'interprétation des éléments cités.

ÉVALUER LA COMPARABILITÉ

- Le rapport et l'information qu'il contient peuvent-ils être comparés sur une base interannuelle ?
- Les performances de l'organisation peuvent-elles être comparées via des points de référence adéquats ?
- Toute variation notable du contenu de base du rapport en matière de limites, de portée, de période envisagée ou d'information couverte d'une année à l'autre peut-elle être identifiée et expliquée ?
- Quand ils sont disponibles, l'organisation applique-t-elle les protocoles communément acceptés en matière de compilation d'informations, notamment les protocoles techniques GRI relatifs aux indicateurs repris dans les lignes directrices et les suppléments sectoriels[1] ?

Exactitude

L'information rapportée doit être exacte et suffisamment détaillée pour que les parties utilisatrices du rapport puissent prendre des décisions avec un degré de fiabilité élevé.

Les réponses portant sur les questions et indicateurs économiques, environnementaux et sociaux peuvent revêtir différentes formes et aller des réponses qualitatives à des évaluations quantitatives détaillées. Les caractéristiques permettant d'en définir l'exactitude varient selon la nature de l'information et l'utilisateur de celle-ci. Ainsi, l'exactitude des informations qualitatives est définie, dans une large mesure, par le degré de clarté et de détail et par l'équilibre de la présentation effectuée, dans le cadre des limites appropriées. L'exactitude des informations quantitatives peut en revanche dépendre des méthodes utilisées pour collecter, compiler et analyser les données. Le seuil d'exactitude spécifique qui s'avérera nécessaire dépendra en partie de l'utilisation envisagée de l'information. Certaines décisions exigeront un niveau d'exactitude plus élevé de l'information rapportée.

ÉVALUER L'EXACTITUDE

- Le rapport signale-t-il les données mesurées ?
- Les techniques de mesure des données et les bases de calcul sont-elles dûment décrites et peuvent-elles être répétées avec des résultats similaires ?

...

---

1. La réponse à cette question suppose de bien connaître les indicateurs de base (voir le chapitre 1) et leur mode de calcul, ainsi que les indicateurs des suppléments sectoriels.

- La marge d'erreur des données quantitatives est-elle insuffisante pour influer de façon substantielle sur les conclusions en matière de performance ?
- Le rapport signale-t-il quelles données ont été estimées et les hypothèses et techniques utilisées à cette fin ?
- Les affirmations qualitatives émises dans le rapport sont-elles étayées par les autres informations rapportées et les autres éléments disponibles ?

Opportunité

L'information est présentée en temps opportun et sur une base régulière, afin que les parties utilisatrices du rapport puissent prendre des décisions fondées. L'utilité des informations dépend étroitement d'une mise à disposition opportune pour les parties prenantes. L'opportunité garantit l'utilité de l'information et permet aux utilisateurs d'intégrer effectivement cette dernière dans les décisions qu'ils prennent.

S'il est souhaitable de disposer d'un flux d'informations régulier pour répondre à certains besoins, les organisations devraient s'engager à fournir à date précise un compte rendu consolidé de leurs performances économiques, environnementales et sociales. Cela exige d'être cohérent en matière de fréquence de publication, laquelle est nécessaire pour garantir la comparabilité au fil du temps et l'accessibilité du rapport pour les parties.

ÉVALUER L'OPPORTUNITÉ

- L'information publiée dans le rapport est-elle récente par rapport à la période de publication ?
- Le calendrier de publication des rapports sur la durabilité est-il aligné sur le cycle de rapport financier ?
- La collecte et la disponibilité des informations clés en matière de performance sont-elles alignées sur le calendrier de publication de rapports sur la durabilité ?
- L'information reprise dans les rapports en ligne mentionne-t-elle clairement la période à laquelle elle se rapporte, la date de prochaine mise à jour et celle de dernière mise à jour ?

Clarté

L'information doit être proposée de manière compréhensible et accessible pour les parties utilisatrices du rapport.

L'organisation doit examiner la manière de répondre aux besoins des parties en matière de communication sans omettre d'informations importantes, mais en évitant les détails excessifs ou superflus. Pour ce qui est de l'information rapportée, la clarté exige que l'information soit présentée d'une manière qui permette aux parties de retrouver aisément les données désirées et qui soit compréhensible. L'utilisation de graphiques et de tableaux de données consolidées peut rendre l'information contenue dans le rapport intelligible.

ÉVALUER LA CLARTÉ

- Le rapport propose-t-il aux utilisateurs un niveau d'information qui répond à leurs besoins tout en évitant les détails excessifs et inutiles ?
- Les utilisateurs peuvent-ils retrouver les informations spécifiques qu'ils recherchent sans trop d'efforts, grâce à la table des matières, à des tableaux, des liens ou d'autres dispositifs ?
- Le rapport comprend-il un glossaire ou des explications des termes techniques, des acronymes, du jargon et des éléments sans doute peu familiers pour les utilisateurs ?
- Les données et informations contenues dans le rapport sont-elles accessibles pour les parties importantes, y compris celles ayant des besoins spécifiques en termes d'accessibilité (en raison de capacités linguistiques, ou de compétences technologiques différentes) ?

Assurabilité

L'information et les procédures utilisées dans le cadre de la préparation d'un rapport doivent être consignées, analysées et présentées de telle sorte qu'elles puissent être examinées et soumises à assurance. Le concept fondamental qui sous-tend le principe d'assurabilité est que les parties doivent avoir la garantie de pouvoir s'assurer de la fiabilité du contenu et de l'application des principes d'élaboration. Les processus décisionnels ayant présidé à l'élaboration du rapport doivent être documentés de manière à permettre l'évaluation du fondement des principales décisions (procédure d'implication des parties et procédures de définition du contenu et des limites du rapport). Les informations et données incluses dans le rapport doivent être accompagnées d'une documentation interne consultable par d'autres parties que les auteurs du rapport. Un rapport de durabilité ne devrait contenir aucune information relative aux performances qui ne soit pas étayée par des documents internes ou des éléments matériels d'une autre nature.

Lorsqu'elles conçoivent les systèmes d'information, les organisations doivent prévoir que les systèmes témoignent du degré d'assurance nécessaire, y compris pour les parties indépendantes.

> **ÉVALUER L'ASSURABILITÉ**
>
> - Le document comprend-il une déclaration par laquelle la direction assume la responsabilité du contenu et du mode d'élaboration du rapport ?
> - La portée et l'étendue de la déclaration d'assurance sont-elles identifiées ?
> - L'organisation est-elle en mesure d'identifier la source originale de toutes les informations reprises dans le rapport ?
> - L'organisation peut-elle attester de la fiabilité de la source originale ? Dans le cas contraire, ce fait est mentionné.
> - Les propriétaires des données ou informations de départ sont-ils cités et peuvent-ils attester de la fiabilité ou de l'exactitude de celles-ci, dans la limite de marges d'erreur acceptables ?
> - Des preuves externes issues de sources fiables étayent-elles les hypothèses ou approches adoptées pour les calculs complexes sur le plan technique ?

3.4. Synthèse

La mission de l'auditeur sociétal est une mission de vérification qui conduit à un niveau d'assurance concernant les rapports de développement durable. Si les grands cabinets d'audit ont pris aujourd'hui une option importante sur ce marché du fait de leurs moyens et de la qualité de leur signature, il n'est pas certain qu'ils puissent être les seuls fournisseurs de prestation. D'autres intervenants pourraient voir le jour, notamment en provenance du monde des auditeurs sociaux, des auditeurs qualité, des ONG et peut-être également du (petit) monde de la notation extra-financière.

4. L'audit social et la notation extra-financière

4.1. L'investissement socialement responsable

L'investissement socialement responsable (ISR) regroupe un ensemble de pratiques localisées sur les marchés financiers, consistant à investir de manière privilégiée dans les entreprises se comportant de manière sociale-ment responsable. Comme le remarque J.-P. Gond[1] :

- l'ISR est une institution qui offre une image et traduit localement ce qui est considéré comme relevant de la RSE dans un contexte culturel et/ou national donné ;

- l'ISR renvoie simultanément à un ensemble de pratiques, de discours et de concepts plus restreints que la RSE, dont la présence et les modalités d'existence sur les marchés financiers d'un pays donné sont relative-ment facilement identifiables ;

- le développement de l'ISR implique la construction de métriques, ou tout au moins de critères et de méthodes d'évaluation de la perfor-mance pour effectuer les choix d'investissements ;

- l'ISR est historiquement et culturellement enraciné aux États-Unis et présente de nombreuses caractéristiques propres à cette origine américaine ;

- l'ISR s'est diffusée ultérieurement hors des États-Unis, notamment en Europe et en France, dans les années 1980 et 1990.

Ces deux derniers points méritent un complément d'information.

L'histoire des pratiques d'investissement socialement responsable sous leur forme contemporaine remonte aux années 1920 et trouve son origine dans la volonté de communautés religieuses américaines de faire en sorte que leur argent ne soit pas investi dans des activités associées à des formes de péchés, telles que la production d'alcool, de tabac ou encore la por-nographie. Dans les années 1970, c'est la guerre du Vietnam qui provoque un second souffle du mouvement de l'investissement socialement respon-sable, les groupes de la société civile opposés à la guerre ciblant désormais les producteurs de napalm et autres fabricants d'armes sur les marchés financiers. Dans les années 1980, c'est le mouvement anti-Apartheid qui offrira un relais de croissance à l'ISR. L'ISR américain est donc un véritable mouvement social capitalisant sur les vagues successives d'opposition aux comportements des entreprises, motivées par des raisons d'ordre éthique et/ou religieux.

---

1. « Contribution à l'étude du concept de performance sociétale de l'entreprise », thèse soutenue par J.-P. Gond en 2006 à l'université de Toulouse-I sous la direction de J. Igalens, prix de la meilleure thèse FNEGE.

L'ISR a continué à se développer aux États-Unis et s'est ensuite diffusé au-delà des frontières américaines, en Europe et en France. Si le premier fonds « éthique » a été créé en 1983 à l'initiative de sœur Nicole Reille, économe d'une congrégation religieuse, le marché est resté relativement stagnant et balbutiant durant les années 1980. Quelques autres fonds ont été créés pendant cette période en s'appuyant sur une logique de conviction religieuse (par exemple, la création du fonds Hymnos par le Crédit Lyonnais en 1989), en cherchant à promouvoir de nouvelles formes de solidarité vis-à-vis des pays du tiers-monde grâce au micro-crédit (création de Nord-Sud Développement en 1985 à la CDC), ou encore en affichant un objectif de lutte contre le chômage (création du fonds Insertion-Emploi en 1994 à l'initiative de la CDC et des Caisses d'épargne).

4.2. Les agences de notation extra-financière

Aujourd'hui, l'ISR représente environ 10 % de la capitalisation boursière au NYSE (Bourse de New York) et environ 2 % à Paris, avec toutefois des conceptions fort différentes. En France, et plus largement en Europe, l'ISR s'est progressivement dégagé des connotations religieuses ou militantes de ses débuts. Désormais, la constitution de fonds ISR s'effectue à partir de la perception que peuvent avoir des gestionnaires de fonds de la qualité de la gestion et des résultats obtenus par les entreprises dans les domaines sociaux et environnementaux. Pour obtenir ces informations, ils s'appuient essentiellement sur le travail des agences de notation extra-financière. Novethic décrit ainsi le travail de ces agences :

« *Quatre sources d'information principales sont employées :*
- *L'entreprise est consultée couramment par voie de questionnaires. Ceux-ci constituent une source d'information précise, puisque les questions portent directement sur les critères et les indicateurs utilisés pour l'évaluation par l'organisme qui en est l'auteur. Cette pratique a été abandonnée par certains organismes qui préfèrent analyser d'abord les documents publics des entreprises puis les interpeller ensuite sur des points précis.*

- *La consultation de l'entreprise peut également passer par l'organisation de rencontres avec la direction de l'entreprise au sujet de ses politiques sociales et environnementales.*

- *L'examen des informations publiques disponibles sur l'entreprise est une pratique systématique de nombreuses agences. Elles consultent les informations légales et les publications (rapport annuel de gestion, rapport de développement durable) mais également la presse généraliste et spécialisée ainsi que le(s) site(s) internet.*

- *La consultation des parties prenantes de l'entreprise (ONG, syndicats, pouvoirs publics, etc.) peut permettre de vérifier l'information. Certaines agences collaborent avec des ONG et des syndicats pour croiser l'information recueillie auprès des entreprises.*

Plusieurs réseaux internationaux d'agences se sont développés pour partager des bases de données. Le réseau de partenaires le plus important (SiRi Company) couvre plus de 4 000 entreprises en rassemblant onze structures : Avanzi SRI Research (Italie), Ges Investment Services (Suède, Danemark, Finlande, Norvège et Pologne), Centre Info Suisse (Suisse et France), Fundación Ecología y Desarrollo (Espagne et Portugal), PIRC (Royaume-Uni), Scoris (Allemagne et Autriche), Ethibel (Belgique, Luxembourg et France), DSR (Pays-Bas), KLD Research & Analytics Inc. (États-Unis), JRA (Canada) et Siris (Autralie). L'intérêt croissant de la communauté des analystes sell-side[1] pour l'information extra-financière a accéléré les pratiques de communication entre entreprises et investisseurs sur les problématiques de développement durable...

Les agences traitent les informations recueillies en produisant une information synthétisée, destinée aux investisseurs. Ce travail est fait en fonction de méthodologies qui diffèrent d'un organisme à l'autre. La majorité adopte la méthode dite du "scoring". Cette méthode statistique permet d'analyser la situation de l'entreprise, sur la base d'un ensemble de critères pertinents, pondérés selon leur degré d'importance pour produire un score ou une note globale qui positionne l'entreprise sur une échelle de notation. L'approche sectorielle a pour objectif de sélectionner les "meilleures" entreprises de chaque secteur d'activité, d'après des critères déterminés. D'autres organismes d'analyse sociétale rendent compte de la situation de l'entreprise en produisant des "sustainability scenario" ou des profils qui identifient les opportunités et les risques sociaux et environnementaux que présente l'entreprise[2]. »

---

1. Les analystes *sell-side* travaillent au sein de sociétés de Bourse ou de courtage (*brokers*). Ils émettent des recommandations d'achat, de vente ou de conservation d'actions en fonction des recherches que les sociétés de gestion leur achètent. L'analyste *sell-side* est en relation directe avec les entreprises et les investisseurs.

2. www.novethic.fr/novethic/site/article/index.jsp?id=94608.

L'AGENCE VIGEO

L'agence Vigeo est la première agence européenne de notation extra-finan-cière. Elle a absorbé la première agence française, Arese, puis la principale agence belge, Ethibel et enfin l'agence italienne Avanzi SRI Research. Cette agence développe deux activités :

- la notation déclarative, qui reprend la méthode de *scoring* exposée ci-dessus par Novethic ;
- la notation sollicitée qui repose sur de véritables audits sociaux.

Dans le cas de Vigeo, le référentiel est toujours identique même si, par le jeu de pondérations, la notation qui résulte des audits peut prendre en compte des spécificités sectorielles.

Le référentiel est bâti autour de six domaines, chacun d'entre eux étant struc-turé autour de grandes questions. Chaque question est elle-même subdivisée en thèmes (voir figure 3).

L'originalité de l'audit Vigeo porte sur le référentiel (externe à l'entreprise), sur la notation (aboutissement de l'audit), sur la place des parties prenantes dans l'audit et sur les champs couverts par l'audit, qui portent sur les six domaines de la responsabilité sociale (voir figure 4).

La démarche de l'audit social Vigeo peut s'adosser sur un ou plusieurs de ces six domaines, en fonction de la demande du client. Certains audits peuvent également porter uniquement sur un sous-domaine particulier, comme la diversité, le risque fournisseur ou encore le travail des enfants.

L'audit peut également se limiter à la pertinence des politiques de l'orga-nisation. Mais dans la majorité des cas, l'audit est complet et porte sur la pertinence, l'efficience et l'efficacité des objectifs impulsés par le système managérial.

La durée d'une mission varie selon sa profondeur et son périmètre. Un audit complet du système managérial sur les six domaines s'étend sur une période de trois mois.

Chaque équipe est composée de deux ou trois auditeurs en fonction des domaines audités, et d'un directeur de mission. Les auditeurs sont des profes-sionnels recrutés en fonction de leur expérience dans chacun des domaines. Quant au directeur de mission, en plus de ses domaines d'expertise, il doit avoir une connaissance plus générale des autres domaines pour assurer la cohérence et la qualité des évaluations.

L'équipe suit une procédure classique d'audit : visite des lieux, analyse de la documentation, entretien avec les dirigeants, responsables hiérarchiques, fonctionnels et opérationnels de l'entreprise mais aussi, et c'est là la différence avec l'audit social classique, les parties prenantes externes et internes. Les informations recueillies sont traitées dans une base de données qui permet d'en assurer la traçabilité selon différents « angles d'approches ». Ainsi, les

•••

informations concernant l'item politique du critère « participation des salariés » seront traitées en fonction d'angles d'approche portant sur la consistance du contenu, sa visibilité par les parties prenantes et le niveau de portage par le management. La notation de chacun des items et angles d'approche, puis de chaque critère et domaine, est discutée avec l'équipe, validée par le directeur de mission, puis par le directeur des méthodes pour l'assurance qualité. La méthodologie est transparente et visible sur Internet (vigeo.com).

Vigeo a une approche originale dans l'analyse de certains sujets de la RSE comme, par exemple, l'audit des risques fournisseurs. Ce n'est pas le fournisseur qui est au centre de l'audit, comme nous l'avons vu dans les chapitres précédents, avec les limites que nous avons soulignées, mais le donneur d'ordre. C'est son système managérial qui sera analysé pour permettre le respect par la chaîne de sous-traitance des engagements sociaux et environnementaux (respect des intérêts du fournisseur, lutte contre la corruption, engagement sociétal du donneur d'ordre dans le processus de sélection et de fin de relation avec le fournisseur/sous-traitant...).

L'audit chez un échantillon de fournisseurs sera ensuite réalisé sur la base de la cartographie des risques des fournisseurs, fruit de l'analyse du système de management du donneur d'ordre. Il vise alors à vérifier la compréhension des exigences du donneur d'ordre, les moyens et processus mis en place par le fournisseur pour y répondre, afin d'identifier les causes de dysfonctionnement.

Domaines et sous-domaines

DROITS HUMAINS	RESSOURCES HUMAINES	ENVIRONNEMENT
DH1 – Respect des droits humains fondamentaux dans la société	RH1 – Amélioration continue des relations sociales	ENV1 – Prise en compte stratégique de l'environnement
DH2 – Respect des droits humains fondamentaux sur les lieux de travail	RH2 – Valorisation des emplois et des compétences	ENV2 – Prise en compte de l'environnement dans la fabrication et la distribution du produit
	RH3 – Amélioration continue des conditions générales de travail	ENV3 – Prise en compte de l'environnement dans l'utilisation et l'élimination du produit

RELATIONS CLIENTS/FOURNISSEURS SOUS-TRAITANTS	ENGAGEMENT SOCIÉTAL	GOUVERNEMENT D'ENTREPRISE
CF1 – Respect des droits et attentes des clients	ES1 – Impact de l'activité de l'entreprise sur le territoire d'implantation	GE1 – Conseil d'administration (CA)
CF2 – Engagement avec les fournisseurs, sous- et co-traitants (sélection et liens durables)	ES2 – Comportement sociétal de l'entreprise	GE2 – Audit et mécanisme de contrôle
CF3 – Respect des règles du marché		GE3 – Droits des actionnaires
		GE4 – Rémunération

vigeo

Figure 3 – Les six domaines du référentiel Vigeo

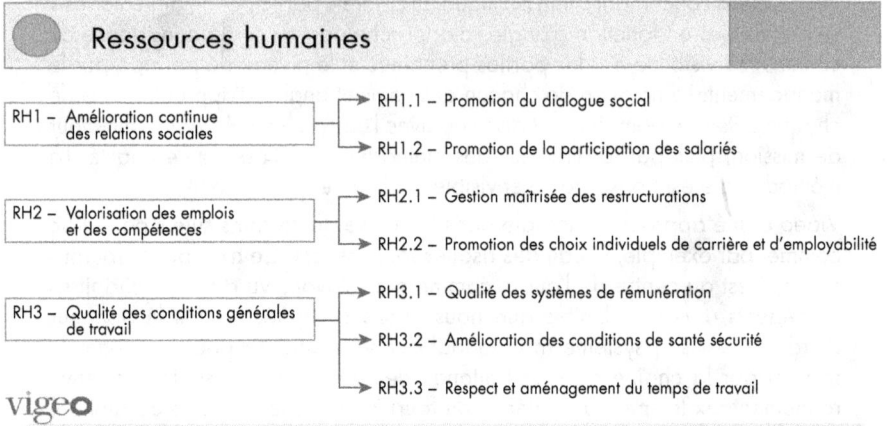

Ressources humaines

RH1 – Amélioration continue des relations sociales
→ RH1.1 – Promotion du dialogue social
→ RH1.2 – Promotion de la participation des salariés

RH2 – Valorisation des emplois et des compétences
→ RH2.1 – Gestion maîtrisée des restructurations
→ RH2.2 – Promotion des choix individuels de carrière et d'employabilité

RH3 – Qualité des conditions générales de travail
→ RH3.1 – Qualité des systèmes de rémunération
→ RH3.2 – Amélioration des conditions de santé sécurité
→ RH3.3 – Respect et aménagement du temps de travail

vigeo

Figure 4 – Vigeo : subdivision du domaine ressources humaines

4.3. Synthèse

L'audit de la RSE a profondément renouvelé l'audit social traditionnel, au point que certains ont pu se demander s'il ne s'agissait pas d'un domaine entièrement nouveau, sans lien avec l'audit social. Il convient de considérer l'évolution de l'audit financier, et de façon plus générale, de l'audit opérationnel. Les auditeurs d'origine comptable et financière ont su, au-delà des missions légales qui sont les leurs, exciper de leur méthodologie, parfois de leur taille et de leur couverture assurantielle, pour devenir les intervenants principaux. D'autres auditeurs formés initialement dans le cadre du mouvement pour la qualité ont également fait valoir des proximités d'approche entre systèmes de management qualité, environnement, hygiène et sécurité, et demain RSE. Nombre d'ONG sont également sollicitées, ainsi que les agences de notation extra-financière. Paradoxalement, l'offre s'est développée, alors que les formations initiales ou continues, les diplômes, les certifications ou autres modes de reconnaissance sont encore très timides. Partant de la définition même du développement durable, l'auditeur social semble également avoir quelque légitimité à trouver sa place dans ce marché en cours de structuration.

CHAPITRE 7

Les auditeurs sociaux

Le développement de la demande d'audit social exprimée par les entreprises et les organisations a entraîné l'apparition et la professionnalisation d'une offre d'audit social, branche de l'audit. Cette offre est proposée par des professionnels de la discipline : les auditeurs sociaux. Qui sont les auditeurs sociaux ? Quelles sont leurs compétences professionnelles ? Qui sont leurs clients ? Ce chapitre s'efforce dans un premier temps de répondre à ces questions (section 1). Il aborde ensuite le thème des compétences (section 2) et de la formation des auditeurs (section 3), et celui de la certification, de la déontologie et de l'organisation professionnelle des auditeurs sociaux (section 4).

1. Le monde des auditeurs sociaux

Qui sont aujourd'hui les praticiens de l'audit social auxquels les entreprises, les organisations et les diverses parties prenantes, peuvent faire appel pour leurs missions d'audit ? Le monde des auditeurs sociaux est divers. La réalisation de missions d'audit social peut être confiée à des auditeurs internes salariés de l'organisation ou externes, à des auditeurs généralistes du social ou spécialistes d'un domaine des RH, à des praticiens se consacrant totalement ou partiellement à l'audit social.

1.1. Auditeur interne ou externe ?

L'audit peut être réalisé par un membre (ou une équipe) de l'entreprise concernée ou par une personne (ou une équipe) externe dans le cadre d'une mission contractuelle. Dans les deux cas, il faut que le critère d'indépendance de l'auditeur soit respecté : l'auditeur ne doit pas dépendre de l'audité. Les avantages et limites reconnus aux auditeurs internes et externes sont complémentaires et conduisent à privilégier des binômes pour mener à bien certaines missions.

L'atout de l'auditeur interne est de bien connaître l'entité auditée. Cela présente plusieurs avantages. Son prédiagnostic est plus rapide. Les objectifs et les modalités de la mission sont plus faciles à définir. Il construit plus aisément les référentiels internes. Ses préconisations sont supposées mieux adaptées à un contexte qu'il connaît bien. Les limites sont soulignées sur deux plans :

- une moindre expertise sur chacun des domaines audités l'oblige à un travail préparatoire important pour construire des outils d'audit ;
- l'utilisation de référentiels externes moins riches, en particulier pour les bonnes pratiques, et des préconisations pouvant être moins novatrices.

L'auditeur externe contractuel apporte une expertise approfondie du domaine audité, des guides d'audit validés, des indicateurs et des référentiels externes et une expérience acquise dans différents contextes. Son regard extérieur favorise l'acuité du diagnostic et la qualité des préconisations. Pour assurer la pertinence de ses travaux, il doit mener généralement un diagnostic préalable approfondi et vérifier régulièrement le caractère approprié de ses constats et de ses recommandations.

En termes d'indépendance, tout dépend du commanditaire. Un auditeur interne rattaché à la direction générale pourra mener à bien en toute indépendance la plus grande partie des missions. En effet, la crainte de déplaire au client interne sera réduite. De même l'indépendance, notamment financière, de l'auditeur externe est d'autant plus forte que le client est hiérarchiquement au-dessus de l'entité auditée.

1.2. Auditeur spécialisé ou généraliste du social ?

L'auditeur social peut être un « généraliste du social », susceptible de mener des interventions dans tous les domaines de la gestion des ressources humaines, ou un spécialiste des missions dans un domaine spécifique tel que l'audit de la formation, l'audit des rémunérations ou l'audit de climat social.

Les auditeurs spécialisés dans un domaine sont les mieux à même de réaliser de façon efficiente la plupart des missions d'audit social. Leur expertise est capitalisée dans des outils d'audit, référentiels préconstruits, guides d'audit et questionnaires, indicateurs... Ils peuvent réaliser dans des délais courts des missions ciblées et formuler des préconisations appropriées du fait de leur connaissance du thème et des bonnes pratiques.

Les auditeurs généralistes peuvent réaliser des audits complets d'une structure et des missions transverses.

L'auditeur social généraliste RH

Cet auditeur maîtrise l'ensemble du champ des RH et peut réaliser un audit complet de la FRH, un diagnostic des politiques et pratiques RH comme des audits spécifiques. Externe, il peut être expert dans un certain type d'entreprise selon la taille (PME), le secteur (économie sociale par exemple), la région...

Interne, il peut mener à bien un audit complet, en particulier de conformité ou d'efficacité, d'un établissement ou d'une filiale. Ses interventions successives dans les entités d'un groupe lui permettent de construire et actualiser des référentiels appropriés et de formuler des recommandations pertinentes. Il existe des auditeurs sociaux généralistes internes dans les groupes ayant de multiples établissements de petite ou moyenne taille. Ces auditeurs sont amenés à visiter les équipes décentralisées, à vérifier la conformité des pratiques.

Externe, il peut réaliser des audits stratégiques. Lorsqu'il réalise des audits spécifiques, sa compétence généraliste contribue à la cohérence globale de ses préconisations.

Le travail en binôme, associant auditeurs interne et externe, présente des avantages. Il favorise l'adoption d'outils adaptés, la pertinence des analyses et la qualité des préconisations.

Les auditeurs spécialisés

La variété des domaines du social et des missions d'audit social, la complexité des référentiels à mettre en œuvre et la nécessité d'une connaissance approfondie du champ audité ont favorisé l'émergence d'auditeurs sociaux spécialisés. Ces auditeurs maîtrisent des référentiels spécifiques et sont généralement des experts du domaine. Les entreprises recherchent pour les audits spécifiques des auditeurs connaissant bien l'état de l'art et les « bonnes pratiques ».

Selon les périodes et la perception des risques et des enjeux, des spécialisations apparaissent et répondent à la poussée de la demande. La « guerre des talents » suscite des audits d'image employeur, ainsi que des audits de la fidélisation. La montée de l'absentéisme crée une demande d'audit de climat social et de bien-être au travail. Le législateur a également une influence sur le développement d'audits spécialisés. Le renforcement de la réglementation sur les discriminations et l'égalité des chances de 2001 à 2006 a stimulé les audits de la diversité.

Lorsque les entreprises et organisations sont sensibilisées à de nouveaux risques, elles recherchent des auditeurs capables de mener à bien les missions nouvelles. Ainsi, en 2007, les auditeurs spécialisés dans le domaine de la diversité, de la lutte contre les discriminations et de l'égalité des chances ont été largement sollicités.

On rencontre plusieurs types d'auditeurs parmi les auditeurs spécialisés.

Les auditeurs de formation

L'importance des contraintes réglementaires d'une part, et celle des enjeux sociaux et financiers d'autre part, ont suscité de nombreuses missions en matière de formation, ainsi que l'apparition d'auditeurs spécialisés. Les demandes émanent notamment d'entreprises soucieuses d'optimiser leurs engagements dans une stricte conformité, d'organismes financeurs désireux de contrôler le respect des engagements, des partenaires sociaux demandeurs de suivi des accords et plans. Ardouin & Lacaille, dans *L'Audit de formation*[1], proposent une analyse des compétences spécifiques de l'auditeur dans ce domaine en soulignant la nécessité d'une avance scientifique et technique, d'expériences, d'une veille technique, professionnelle et théorique, d'une valeur ajoutée pour le client.

Les auditeurs de RSE

Le développement de la RSE (voir le chapitre 6) a suscité une demande d'audit de RSE et l'apparition d'auditeurs spécialisés agissant pour le compte :

- d'entreprises auprès de leurs fournisseurs et sous-traitants pour mener des audits de conformité par rapport à des normes, des chartes ou des labels ;
- d'agences de notation sociale ou de fonds d'investissement socialement responsables ;
- d'entreprises cotées en Bourse soucieuses de leur image de responsabilité sociale ;
- de diverses parties prenantes soucieuses du respect de certaines dimensions de la responsabilité sociale.

---

1. Dunod, 2005.

Les auditeurs RSE agissant pour un client chez ses fournisseurs ne maîtrisent parfois que certains référentiels sur le respect desquels ils sont amenés à formuler une opinion. D'autres maîtrisent l'ensemble des normes de la RSE.

Les auditeurs santé-sécurité et bien-être

L'importance des obligations et des risques en matière de sécurité et de conditions de travail, d'une part, les spécificités des compétences à mettre en œuvre dans ces domaines, d'autre part, ont favorisé la professionnalisation d'auditeurs santé-sécurité. L'influence du bien-être au travail sur un certain nombre d'indicateurs sociaux et économiques a élargi le champ des audits santé-sécurité à l'ensemble des composantes du bien-être au travail. Leur expertise ergonomique et sécurité est complétée par des compétences en matière de santé, de psychologie et de management des ressources humaines. Ils travaillent en liaison avec la médecine du travail. Les missions leur sont parfois confiées par le comité d'entreprise ou le CHSCT.

1.3. Auditeur social à titre principal ou annexe ?

Les auditeurs sociaux présentent une grande variété de positionnements. L'audit social peut être l'activité principale du cabinet et du professionnel d'audit ou représenter une activité secondaire.

Activité principale

L'audit social peut être l'activité principale d'auditeurs internes ou externes.

Les entreprises, à partir d'une certaine taille, ont des besoins qui justifient l'emploi d'auditeurs sociaux internes à temps plein. Ces auditeurs effectuent en premier lieu des audits de conformité. Ils vérifient que les règles et procédures en vigueur sont respectées dans toutes les filiales et tous les établissements du groupe. L'audit s'étend parfois aux fournisseurs, aux sous-traitants et aux entreprises prestataires de services. En effet, la responsabilité des entreprises est engagée dans le choix et le contrôle de ses partenaires.

Les auditeurs sociaux externes pratiquent dans des cabinets généralistes offrant une large gamme d'expertise, dont l'audit social qui ne représente qu'une part du chiffre d'affaires, ou dans des cabinets dédiés exclusivement à la réalisation d'audits sociaux. Ces auditeurs sociaux à titre principal peuvent être généralistes (notamment s'ils sont auditeurs internes) mais, dans la plupart des cas, ils sont spécialisés dans des domaines à forte demande.

Activité secondaire

L'audit social peut être l'activité secondaire de plusieurs catégories d'auditeurs :

- des auditeurs internes ou externes auxquels sont confiées périodiquement des missions dans le domaine RH ;
- des cadres RH chargés de réaliser des missions d'audit social dans leur entreprise ;
- des consultants RH réalisant des missions d'audit dans leur champ de compétence ;
- des enseignants-chercheurs en management des ressources humaines effectuant des missions d'audit pour des entreprises et organisations.

1.4. « Tous auditeurs sociaux » ?

Le besoin de mesurer, comparer et agir est largement ressenti en matière de GRH et RSE. Le salarié, le représentant du personnel, le manager et le dirigeant sont amenés à adopter certaines postures de l'auditeur social.

Le salarié veut savoir s'il est convenablement traité par rapport à ses droits réglementaires ou conventionnels. Il se transforme en auditeur de conformité lorsqu'il étudie les textes ou interroge son délégué, sa hiérarchie ou son responsable RH. Il compare les réalités qu'il vit avec le discours et les valeurs affichées de son entreprise et audite l'efficacité de sa DRH. Il compare sa situation à celle des autres, dans l'entreprise ou en dehors, et réalise des audits d'équité. Pour piloter sa carrière, il devient auditeur stratégique : la grappe des politiques et pratiques RH de son entreprise lui assure-t-elle l'avenir professionnel auquel il aspire ?

Le délégué du personnel qui vérifie le respect de l'ensemble du cadre réglementaire et conventionnel applicable mène des audits de conformité. Le délégué syndical qui négocie des avantages nouveaux s'appuie sur des référentiels externes tels que les meilleurs avantages obtenus ailleurs. Les membres du comité d'entreprise s'appuient aussi sur des constats et des référentiels pour donner leur avis dans le cadre de leurs attributions.

Les managers et dirigeants adoptent également certaines pratiques d'audit social. Ils recherchent des référentiels leur permettant de situer leurs indicateurs sociaux.

Le DRH est un client important pour les auditeurs sociaux. Il réalise parfois lui-même des « auto-audits » qui, bien que ne satisfaisant pas tous les critères de l'audit social, peuvent être des outils de gestion intéressants. La diffusion de démarche et d'outils d'audit social dans la fonction RH contribue au progrès du management des ressources humaines.

2. Compétences

La création de l'Institut international de l'audit social, en 1982, a contribué à la professionnalisation des auditeurs sociaux avec :

- l'adoption d'une procédure d'agrément réservée à des praticiens réalisant des audits sociaux ;
- la mise en place progressive d'un processus de certification et de règles déontologiques ;
- l'élaboration d'un référentiel de compétences de l'auditeur social.

« *La compétence est la mise en œuvre de capacités en situation professionnelle qui permettent d'exercer convenablement une fonction ou une activité.* »

Cette définition de l'Afnor (1992) souligne l'articulation entre compétences et activité. La conduite de l'activité d'audit social nécessite la combinaison de différents savoirs, savoir-faire et savoir-être. Les auditeurs sociaux ont développé des outils et méthodes spécifiques. Ils ont généralement fait des études supérieures dans l'un des domaines de compétences utilisées lors des missions. Ils ont eu une expérience de terrain dans des postes opérationnels ou fonctionnels généralement dans le domaine des RH.

2.1. Le référentiel des compétences

L'IAS a produit un référentiel de compétences de l'auditeur social. Ce document établit la liste des connaissances et des savoir-faire nécessaires pour pratiquer l'audit social. Ce référentiel élaboré par un groupe de travail[1] a été adopté fin 2005 par le bureau de l'IAS.

---

1. Composé de Jean-Louis Beaugrand, Martine de la Codre, Georges Egg, Louis Forget, Barbara Magnet, Catherine Quenisset et Catherine Voynnet-Fourboul, et dirigé par Alain Meignant.

Ce référentiel identifie de façon précise la technicité spécifique de l'audit social. Il présente la liste des champs de connaissances et des aptitudes requises pour exercer l'audit social, la structure de la bibliothèque de compétences segmentée en quinze cases et le contenu de chaque case exprimé en termes de compétences.

Ces quinze cases correspondent à trois types de compétences (compétences relationnelles, compétences métier, compétences d'organisation) à mettre en œuvre aux étapes et phases de l'activité (obtention et cadrage de la mission, réalisation de la mission ; analyse des données disponibles et pré-audit, réalisation de l'audit, production et présentation du rapport ; développement de l'activité).

Référentiel de compétences métiers pour la réalisation d'un audit social non normatif selon les règles de l'art

I- Recueillir et traiter les référentiels et données quantitatives et organisationnelles :

- identifier les référentiels internes pertinents (politiques, règles, procédures, objectifs) ;
- analyser les écarts entre la réalité observée et les référentiels choisis ;
- analyser les risques encourus du fait des écarts constatés ;
- identifier les causes des écarts (pertinence des référentiels, cohérence) ;
- rechercher et vérifier les données chiffrées et factuelles pertinentes ;
- décrire et analyser un processus et ses dysfonctionnements ;
- analyser et exploiter les documents internes de l'entreprise cliente ;
- choisir et calculer les ratios et indicateurs pertinents ;
- effectuer des comparaisons significatives dans le temps (séries) ou l'espace ;
- apprécier la fiabilité statistique et la représentativité des chiffres obtenus ;
- faire tous les recoupements de données permettant d'en vérifier la fiabilité ;
- élaborer tableaux ou graphiques rendant compte des résultats.

II- Recueillir et traiter des données qualitatives :

- élaborer des grilles d'entretien ;
- conduire des entretiens ;
- élaborer et appliquer des questionnaires ;
- élaborer et appliquer un protocole d'observation ;
- exploiter les informations qualitatives recueillies par entretien, questionnaire ou observation ;
- analyser les stratégies des acteurs.

2.2. Le référentiel de l'audit social

L'IAS a produit un référentiel normatif de l'audit social qui précise les carac-téristiques principales et les conditions d'exercice de l'audit social. La der-nière version de ce document a été adoptée en 2006 en coordination avec le CCIAS (centre de certification des auditeurs sociaux).

Ce référentiel précise les règles d'engagement et de conduite d'une mission d'audit social dans sa partie 5.

EXTRAIT DU RÉFERENTIEL DE L'AUDIT SOCIAL (IAS, 2006)

5.1– Généralités

5.1.1– L'auditeur social se conforme aux principes généraux des audits tels que formulés dans la norme ISO 19011, paragraphe 4.

5.1.2– La démarche de l'auditeur pour mener les missions qu'il accepte suit habituellement cinq étapes : l'engagement de la mission (§ 5.2), la prépara-tion de la mission (§ 5.3), sa réalisation (§ 5.4), la production et la présen-tation du rapport (§ 5.5). Elle suppose par ailleurs l'application de principes spécifiques dans la conduite de la mission (§ 5.6).

Il mène ses investigations dans les règles de l'art, par les méthodes appro-priées permettant d'apporter une réponse argumentée à la question ou aux questions posées dans le contrat ou la lettre de mission.

5.2 – L'engagement de la mission

5.2.1– L'auditeur social agit dans le cadre d'un contrat négocié avec une organisation cliente s'il est extérieur à cette organisation, ou d'une lettre de mission s'il est membre de cette organisation.

5.2.2– L'auditeur social doit vérifier que la mission qui lui est demandée et ses modalités générales de déroulement sont compatibles avec le code de déontologie professionnel auquel il est tenu, et notamment que son indépen-dance de jugement et d'action sera respectée.

5.3– La préparation de la mission

5.3.1– La préparation de la mission doit permettre à l'auditeur de faire cla-rifier par le prescripteur :

• les objectifs visés ;

• le périmètre sur lequel porte l'audit (établissements/filiales, environnement amont/aval/latéral, périmètre géographique, secteurs d'activité, etc.) ;

• l'objet de la mission (thèmes prioritaires de l'audit et thèmes associés si nécessaire à la réalisation de la mission) ;

5.3.2 – Et de s'accorder avec lui sur :

• les méthodes d'investigation ;

...

- l'étendue et les modalités de l'information aux acteurs concernés ;
- les conditions d'organisation de la mission ;
- les exigences de confidentialité ;
- les conditions de la restitution des conclusions.

5.4– Réalisation de la mission

5.4.1– L'auditeur social doit identifier le référentiel pertinent de sa mission en fonction de l'objectif de cette dernière.

S'il s'agit de conformité, il doit constituer le référentiel de mission par le rassemblement des références appropriées (réglementations, conventions ou recommandations internationales, normes, standards, codes de conduite, procédures, etc.).

S'il s'agit d'efficacité, il doit rechercher les références d'efficacité dans des secteurs et situations externes analogues et dans les bonnes pratiques en usage. Il doit également inclure les exigences réglementaires ou normatives qui s'appliquent au cas particulier.

5.4.2– Le cœur du référentiel de mission devrait être présenté au prescripteur avant le rassemblement des informations sur le terrain.

5.4.3– Le recueil des données d'audit social doit utiliser des techniques diverses afin de permettre, par recoupement, la validation des informations et l'établissement des constats. Parmi elles :

- recueil documentaire : données sociales, mais aussi économiques et financières ; rapports spécifiques, comptes rendus d'instances officielles, informations publiques ou créées spécifiquement pour l'audit, règles et procédures, objectifs fixés, etc. ;
- observation : situations individuelles et collectives de travail ;
- entretien auprès des acteurs concernés (éventuellement par échantillonnage) : individuel ou collectif, interne ou externe ;
- questionnaires.

5.4.4– Le contrat ou la lettre de mission d'audit social peut ne pas exiger la compréhension des causes d'écarts et de dysfonctionnement, notamment si la mission se limite à la mise en évidence de non-conformités. L'auditeur social devrait néanmoins s'efforcer d'apporter un éclairage sur les causes sociales au-delà des considérations strictement organisationnelles.

5.4.5– Lorsque l'objectif de la mission dépasse la seule conformité, l'auditeur doit être en mesure d'apporter des explications étayées concernant les phénomènes et résultats observés.

5.5– Production et présentation du rapport

5.5.1– À l'issue de sa mission, l'auditeur social doit rédiger et commenter au donneur d'ordres un rapport circonstancié de ses observations. Ce rapport comporte une synthèse de ses observations en réponse aux questions

•••

posées dans la lettre de mission. Il décrit les écarts observés, sur la base de faits étayés et vérifiés ; le cas échéant, les causes de toute nature susceptibles d'expliquer ces écarts ; les conséquences constatées ou les risques encourus.

5.5.2– L'auditeur social peut être amené à formuler des préconisations fixant des axes de progrès sans que celles-ci ne constituent pour autant un programme d'action précis et détaillé.

L'auditeur social doit distinguer son action de celle d'un consultant en ceci qu'il s'interdit d'être un opérateur dans la mise en œuvre de ses préconisations. Il peut cependant être mandaté pour assurer le suivi et le contrôle de la mise en œuvre des décisions prises par le donneur d'ordres à la suite de l'audit.

5.5.3– Le rapport de l'auditeur social, en lui-même, ne peut être assimilé à une certification de l'organisation auditée.

5.5.4– L'auditeur social doit présenter ses conclusions aux personnes, groupes et instances définis dans son contrat ou sa lettre de mission. Le compte rendu oral ou écrit doit être complet et fidèle à la synthèse des observations réalisées et aux conclusions finales de la mission.

2.3. Le guide pratique de l'audit social

Sous l'égide de l'IAS, Emmanuel Beck, Alain Chamak, Alexandre Dupuy et Céline Fromage ont publié en 2013 un *Guide pratique de l'audit social* qui permet à l'auditeur social d'évaluer la conformité des pratiques par rapport aux différentes obligations à cette date. Il comporte six parties :

- relations contractuelles,
- temps de travail,
- conditions de vie au travail,
- relations sociales,
- rémunération,
- gestion des compétences,

Chacune des parties est divisée en chapitres qui présentent les dispositions législatives ainsi que des recommandations tirées des bonnes pratiques.

3. La formation des auditeurs

Les auditeurs sociaux doivent être bien formés, qualifiés, au fait des meilleures pratiques pour mener à bien les missions selon les règles de l'art. Leur formation doit valider, compléter ou apporter les compétences sur la base du référentiel de l'auditeur social.

Le référentiel de l'auditeur social précise que :

« *S'il n'y a pas de formation obligatoire pour réaliser des audits sociaux, sauf pour les audits se référant à des normes, on observe dans la pratique que les auditeurs sociaux ont le plus souvent une formation de niveau au moins égal à la maîtrise dans des spécialités de gestion, juridiques, ressources humaines, organisation, management, qualité ou une double formation.* »

Le référentiel précise également :

« *Il est généralement admis que l'auditeur social doit avoir une expérience professionnelle solide, acquise en entreprise à des postes de responsabilité, notamment au sein d'une DRH mais pas exclusivement, qui lui permet une bonne compréhension des situations qu'il audite et qui est de nature à rassurer le donneur d'ordre sur la qualité de la prestation.* »

L'auditeur junior appliquant des grilles préétablies sous la responsabilité d'un auditeur expérimenté peut avoir une expérience moins importante.

L'IAS a élaboré un programme type de formation-action pouvant conduire à la certification de l'auditeur. Il s'adresse à des cadres en exercice auxquels leur organisme confie une mission d'audit social pour permettre une pédagogie de formation-action fondée sur l'alternance entre des séquences de formation et la réalisation de travaux sur le terrain.

Les quatre modules de formation portent sur :

1. Les fondamentaux de l'audit social : notions de base, champ d'application de l'audit social, positionnement de l'audit social, déontologie...

2. La préparation d'une mission : identifier les référentiels pertinents, rédiger une proposition technique, définir les livrables, la démarche, le plan d'audit, négocier la lettre de mission contractualisant les engagements réciproques.

3. La méthodologie appliquée : communication avec les audités, rassemblement des documents utiles, choix et construction des outils

d'audit (plan d'audit, guides d'entretien, questionnaires, indicateurs à renseigner, grilles d'observation, échantillons), organisation de l'équipe d'audit, organisation de la logistique.

4. La rédaction du rapport : structuration du rapport en fonction de la lettre de mission, mise en évidence des écarts, des risques, des problèmes de pertinence, cohérence et efficacité, rédaction des conclusions et des préconisations, finalisation du rapport en intégrant les commentaires et suggestions des audités.

Entre les modules 2 et 3, le participant consacre quelques semaines sur le terrain à rechercher le référentiel et préparer la lettre de mission définitive. Entre les modules 3 et 4, le futur auditeur réalise le recueil des informations. Après le module 4, la rédaction du rapport et sa présentation au demandeur concluent la formation-action.

Cette formation s'adresse à des personnes possédant les connaissances spécifiques du domaine audité. Une formation initiale ou continue en GRH apparaît indispensable, ainsi qu'une expérience professionnelle de quelques années. Si l'auditeur social a une vocation généraliste, il doit avoir au préalable des connaissances approfondies dans tous les domaines de la GRH. S'il se spécialise dans l'un des champs de l'audit, il doit le maîtriser. Dans tous les cas, une formation continue doit permettre l'actualisation et l'approfondissement des connaissances. La participation à des forums d'échanges entre professionnels permet d'améliorer sa pratique.

4. Certification, déontologie et organisation professionnelle

Les auditeurs sociaux doivent respecter un cadre déontologique fixant un ensemble d'exigences en matière de loyauté, d'impartialité, d'objectivité et de respect des personnes interrogées.

4.1. Code de déontologie

Le code de déontologie de l'IAS est constitué de l'ensemble des principes et devoirs régissant la réalisation de missions d'audit social, la conduite des auditeurs et leurs relations avec les commanditaires, clients et les parties prenantes.

Le référentiel d'audit social adopté par l'IAS précise les sept principes de la conduite d'une mission :

1. Les missions d'audit social doivent être conduites et réalisées par des auditeurs disposant de façon avérée de l'expérience et des compétences nécessaires en matière de méthode, d'expertise et de gestion d'une intervention.

2. La démarche d'audit social utilisée dans une mission doit pouvoir être reproduite par d'autres auditeurs utilisant les méthodologies de l'audit et possédant les compétences spécifiques nécessaires.

3. Les acteurs de l'organisation auditée doivent être informés de la mission d'audit social à venir, en ce qui concerne ses raisons, ses objectifs, sa démarche, son programme.

4. L'auditeur social s'interdit absolument de prendre partie dans les jeux internes entre acteurs.

5. L'auditeur social est tenu au secret professionnel.

6. L'auditeur signe son rapport final.

7. Dans le cas où le rapport d'audit social est intégré dans une communication large (rapport de développement durable, rapport annuel, etc.), le référentiel utilisé doit figurer en annexe.

Le CCIAS (Centre de certification internationale des auditeurs spécialisés) a produit un code de déontologie qui constitue la référence pour les auditeurs sociaux certifiés.

4.2. Certification des auditeurs sociaux

La certification atteste de la qualification professionnelle d'une personne ou d'une entité. Elle consacre l'expérience acquise et la formation permanente. De 1993 à 2010, la certification des auditeurs dans le champ du social et du sociétal a été assurée par le CCIAS (Centre de certification international des auditeurs spécialisés).

Depuis 2010, la certification de compétences à la pratique de l'audit social est délivrée par le C3 (Centre de certification des compétences), selon un processus faisant l'objet de la norme internationale ISO 17024:2013. Le C3 entretient des rapports de partenariat avec l'IAS.

La certification des auditeurs sociaux porte sur la compétence requise pour mener des audits de GRH et de RSE de façon professionnelle (identification du référentiel dont relève une situation donnée, conduite de la mission selon les règles de l'art, respect du code de déontologie). Elle est accordée pour trois ans.

La certification n'est pas un préalable obligatoire à l'exercice de l'audit social et de nombreux praticiens proposent des audits sociaux sans être certifiés C3. Cependant, en l'absence d'un cadre réglementaire international, cette certification apparaît nécessaire. Les entreprises ont besoin de l'assurance, après une vérification appropriée, qu'une personne est apte à mener dans les règles de l'art une mission d'audit social pour lui confier des missions.

4.3. L'IAS (Institut international de l'audit social)

Fondé en 1982 par Raymond Vatier et un groupe de spécialistes de GRH avec l'appui de l'ANDCP (aujourd'hui devenue ANDRH, Association nationale des directeurs des ressources humaines), de l'IFACI (Institut de l'audit interne) et de l'Institut Entreprise et Personnel, l'IAS accueille les professionnels de l'audit social et, plus largement, ceux qui s'intéressent au développement de cette discipline.

L'IAS est un lieu d'échange, de réflexion et de recherche autour des concepts, démarches, méthodes et outils de l'audit social.

Les universités d'été de l'audit social sont organisées depuis 1983 (la 33e édition s'est déroulée à Montréal en septembre 2015 sur le thème « Audit social et GRH »), les universités de printemps le sont depuis 1999 (la 17e édition a eu lieu à Tours en mai 2015 et a porté sur le thème « Audit social et management socialement responsable au service des hommes et des territoires »). Elles sont des occasions privilégiées d'échanges entre praticiens et enseignants-chercheurs.

L'IAS est également, depuis 2015, reconnu comme association savante par la FNEGE (Fondation nationale pour l'enseignement des entreprises).

5. Une professionnalisation à développer

La reconnaissance des auditeurs sociaux, comme des partenaires stratégiques, des accompagnateurs du changement, des garants de l'excellence administrative opérationnelle et de la qualité des pratiques de motivation est la clé du recours accru à l'audit social pour accroître la performance de l'organisation. L'audit social se développe sous la double influence de la croissance de la demande et de la professionnalisation de l'offre :

- Croissance de la demande : la demande croissante d'audit social répond à la prise de conscience par les dirigeants et les parties prenantes des enjeux, risques, menaces et opportunités en matière de GRH (gestion des ressources humaines) et de RSE (responsabilité sociale des entreprises).

- Professionnalisation de l'offre : l'importance perçue des enjeux justifie une exigence forte de qualité des audits et de professionnalisation des auditeurs sociaux.

La garantie du professionnalisme dans la conduite des audits sociaux est apportée par la reconnaissance de la compétence de la personne de l'auditeur social ou par la réputation et les références du cabinet auquel est confiée la mission.

La garantie du professionnalisme de l'auditeur est apportée par la certification. La certification par le C3 des auditeurs sociaux porte sur la compétence requise pour mener des audits de GRH et de RSE de façon professionnelle (identification du référentiel dont relève une situation donnée, conduite de la mission selon les règles de l'art, respect du code de déontologie). Le nombre d'auditeurs sociaux certifiés reste limité. Aussi, aujourd'hui, des entreprises et organisations confient à des praticiens des missions d'audit social sans la garantie qu'ils pourront les conduire de façon professionnelle.

Les missions d'audit social sont fréquemment confiées à des cabinets d'audit ou de conseil, généralistes ou spécialisés, en s'appuyant sur leur réputation et leurs références. La réputation du cabinet généraliste (cabinet d'audit ou cabinet conseil) repose souvent sur son expertise et ses références dans d'autres domaines que l'audit social, ce qui peut présenter des risques. Cependant, les principaux cabinets spécialisent aujourd'hui des équipes dans le domaine social avec des auditeurs certifiés. Les cabinets conseils spécialisés en RH et RSE réalisent également de nombreuses missions d'audit social. La frontière entre audit et conseil est parfois ténue, et le cabinet peut proposer de mettre en œuvre les recommandations du rapport d'audit en contradiction avec la déontologie de l'audit.

Renforcer la professionnalisation des auditeurs sociaux est une nécessité pour répondre aux attentes des entreprises et organisations.

6. Synthèse

Depuis quelques années, le développement de la demande d'audit social exprimée par les entreprises et les organisations a nécessité l'apparition et la professionnalisation de l'offre d'audit social. Cette offre est susceptible de répondre aux objectifs extrêmement divers et sans cesse renouvelés des organisations clientes. Cette offre est proposée par des professionnels de la discipline : les auditeurs sociaux dont les compétences profession- nelles et la formation ont été présentées dans ce chapitre. La certification des auditeurs sociaux apporte la garantie de leur professionnalisme.

Conclusion

« Mesurer et se comparer pour agir. » Cette exigence des dirigeants s'applique de plus en plus dans le domaine social et favorise la demande d'audit social. La démarche de l'auditeur social repose en effet sur la sélection d'instruments de mesure valides et de référentiels pertinents pour formuler des opinions et proposer des recommandations. Mesurer les données sociales, quantifier le qualitatif, traduire en chiffres les objectifs RH et RSE, et mesurer les résultats est pour les DRH une exigence croissante. L'expertise des auditeurs sociaux en ce domaine est une compétence que recherchent les entreprises. L'audit social répond ainsi au besoin croissant des organisations de pouvoir se situer dans leur environnement et d'apprécier leur situation et leurs résultats par rapport à de multiples référentiels.

L'audit social apparaît comme une activité promise à d'importants développements sous la double influence de la croissance de la demande et de la professionnalisation de l'offre :

- Croissance de la demande : la demande croissante d'audit social répond à la prise de conscience par les dirigeants et les parties prenantes des enjeux, risques, menaces et opportunités en matière de GRH (gestion des ressources humaines) et de RSE (responsabilité sociale des entreprises). Les entreprises privées (grands groupes internationaux comme PME) et publiques, les administrations, les ONG, les hôpitaux deviennent des clients réguliers d'audit social. Le développement des fonds ISR (investissements socialement responsables) favorise également la demande d'audits sociaux des entreprises cotées en Bourse.

- Professionnalisation de l'offre : l'importance perçue des enjeux justifie une exigence forte de qualité des audits et de professionnalisation des auditeurs sociaux. Même non protégée, la profession d'auditeur social s'organise. Les formations se développent. Les échanges entre universitaires, praticiens de l'audit social et commanditaires des missions, en particulier dans le cadre des universités organisées deux fois par an par l'IAS, font progresser les pratiques. La certification d'auditeurs sociaux se développe.

Le recours à l'audit social est d'autant plus fort que les auditeurs sociaux sont reconnus comme des partenaires stratégiques, des accompagnateurs du changement, des garants de l'excellence administrative opérationnelle et de la qualité des pratiques de motivation.

L'auditeur social, partenaire stratégique, doit valoriser sa contribution à l'élaboration d'une stratégie RH en ligne avec la stratégie globale de l'organisation. Par ses exigences de rigueur et son expertise dans la collecte des données pertinentes, l'auditeur rassemble et traite les informations nécessaires à l'élaboration du volet RH de la stratégie d'entreprise. Les audits stratégiques permettent d'améliorer en permanence l'efficacité et l'efficience des stratégies. En s'appuyant sur les audits sociaux, la DRH s'affirme comme le partenaire stratégique de la DG.

La conduite du changement est une mission pour laquelle les clients internes (managers, dirigeants, salariés) attendent beaucoup de la fonction ressources humaines. La contribution de l'audit social se révèle essentielle pour accompagner la mise en œuvre des changements, évaluer les écarts, analyser les risques encourus, les causes des écarts... Toute politique de changement concernant les hommes dans l'organisation crée un besoin d'audit social.

L'audit social peut également contribuer à l'excellence administrative opérationnelle en s'appuyant notamment sur des référentiels externes de « bonnes pratiques ». En comparant la qualité et la productivité des services RH avec celles d'entreprises comparables, l'auditeur fait ressortir les écarts, les risques (qualité insuffisante) et les coûts (productivité moindre) induits par ces écarts. L'audit social contribue à la révision des process RH s'appuyant sur l'ensemble des TIC (technologies de l'information et de la communication) disponibles. Il permet de bénéficier en permanence des gains de productivité, de rapidité, d'alignement stratégique et de responsabilisation de l'ensemble des acteurs RH qu'apporte la maîtrise des technologies appropriées.

En utilisant conjointement des référentiels et données qualitatifs, quantitatifs et organisationnels, l'auditeur social permet de contrôler et d'agir sur l'ensemble des politiques et pratiques favorisant un haut degré de motivation, d'engagement et d'implication des salariés. L'audit social contribue ainsi au pilotage de la motivation. L'auditeur s'appuie sur les enseignements des recherches, de plus en plus riches, en GRH pour auditer et proposer la révision de l'ensemble des process qui contribuent à accroître la motivation, l'engagement, la fidélité, l'implication des salariés.

Dans un contexte en mouvement, l'audit social apporte un appui considérable à la fonction RH. Il lui permet de mieux répondre aux attentes de ses clients internes et d'améliorer sa performance et celle de l'organisation. Les domaines dans lesquels l'auditeur social est sollicité se renouvellent et s'élargissent. Les audits de RSE se développent et complètent les audits des ressources humaines. En matière de GRH, les missions concernent des dimensions longtemps peu auditées. Depuis 2010, les audits de la diversité, de l'égalité des chances, de l'absence de discriminations se sont multipliés dans le cadre des engagements pris par les entreprises et organisations.

Le besoin d'audit dans tous les domaines du social est réel et croissant. Il ne se traduit cependant que faiblement en demande d'audit social et en missions confiées à des professionnels. Le recours à des auditeurs sociaux pour réaliser les audits souhaitables est encore limité. Les auditeurs sociaux ne sont pas suffisamment reconnus comme des partenaires importants des entreprises et des organisations. Deux défis doivent être relevés dans les prochaines années :

- développer la professionnalisation des auditeurs sociaux pour garantir une qualité de haut niveau des audits réalisés ;
- valoriser la contribution des audits sociaux au progrès social et à la performance des organisations.

Cet ouvrage a l'ambition de contribuer à ces deux objectifs et de permettre ainsi à l'audit social de jouer pleinement un rôle essentiel dans le développement des performances sociales et économiques des entreprises et organisations.

Bibliographie

Akanni A. (2013), « Recrutement et discriminations dans les firmes sénéga-laises », *Question(s) de management*, n° 2, mai 2013.

Ardouin T. & Lacaille S. (2005), *L'Audit de formation*, Dunod, Paris.

Autissier D., Frimousse S. & Peretti J.M. (dir.), (2015), *Audit social et gestion des ressources humaines*, Actes de la 16e université de printemps de l'audit social, Pékin, IAS-ESSEC-université de Pékin.

Barabel M., Meier O. & Perret A. (dir.), (2014), *À quoi ressemblera la fonction RH demain ?* Dunod.

Bry F., Igalens J. & Peretti J.M. (dir.), (2010), *Éthique et responsabilité sociale, 78 experts témoignent*, EMS.

Candau P. (1985), *L'Audit social : méthodes et techniques*, Vuibert, Paris.

CIGREF, IFACI, IFAI (2011), *Guide d'audit de la gouvernance des système d'information,* IFACI.

Combemale M. & Igalens J. (2012), *L'Audit social*, coll. « Que sais-je ? », PUF, 2e éd.

Couret A., Igalens J. & Penan H. (1995), La certification, coll. « Que Sais-je ? », PUF.

Delaye R. & Peretti J.M. (dir.), (2014), *L'audit social au service du progrès du management et de la bonne gouvernance*, Actes de la 32e université d'été de l'audit social, Aix-en-Provence, IAS-ESSEC.

Dupuy A. (2012), *Audit social de conformité*, Books on demand.

Egg G. (1987), *Audits des emplois et gestion prévisionnelle des ressources humaines*, Éditions d'Organisation, Paris.

Egg G. (2005), « Audit des systèmes de reconnaissance », in J.-M. Peretti (dir.), *Tous reconnus*, Éditions d'Organisation, Paris.

Fray A.-M. & Peretti J.-M. (2015), *L'audit social au service du progrès du management et de la bonne gouvernance,* Actes de la 17e université de printemps de l'audit social, Tours, IAS-ESSEC-ESCEM.

Frimousse S., Igalens J., Orsoni J. & Thévenet M. (2014) (dir.), *Ressources humaines et responsabilités sociétales*, EMS, 2014.

Gond J.-P. & Igalens J. (2014), *La responsabilité sociale de l'entreprise*, PUF.

IAS-IFACI (1995), *Des mots pour l'audit*, IAS.

IAS-IFACI (2010), *Les mots de l'audit*, Éditions Liaisons.

IFACI (2013), *Les outils de l'audit interne*, Eyrolles.

Igalens J. (2000), *Audit des ressources humaines*, Éditions Liaisons, 3e éd.

Igalens J. (2004) « Comment évaluer les rapports de développement durable », *Revue française de gestion*, n° 152, sept.-oct. 2004.

Igalens J. (2006), « Audit social », *Encyclopédie des ressources humaines*, Vuibert, 2e éd.

Igalens J. & Penan H. (1994), *La normalisation*, coll. « Que sais-je ? », PUF.

Igalens J. & Peretti J.-M. (1986), *Audit des rémunérations*, Éditions d'Organisation.

Igalens J. & Peretti J.-M. (1997), *Le bilan social de l'entreprise*, coll. « Que sais-je ? », PUF, 3e éd.

Igalens J. & Joras M. (2002), *La Responsabilité sociale de l'entreprise*, Éditions d'Organisation.

Jonquières M. & Joras M. (2015), *Glossaire de l'audit social*, EMS.

Jonquières M. & Joras M. (2015), *L'audit, une même démarche intelligente pour tous*, EMS.

Joras M. & Peretti J.-M. (1986), *Audit de l'aménagement des temps de travail*, Éditions d'Organisation.

Khiat A. (2012), *Audit social et gestion des ressources humaines en Algérie*, in Actes de la 12e université de printemps de l'audit social, Oran, IAS-ESSEC-Université d'Oran.

Laalou A. & Bakadir D. (2015), *Audit social au Maghreb*, in Peretti J.-M. & Renaud S. (dir.), Actes de la 33e université d'été de l'audit social, Montréal, IAS-ESSEC-Université de Montréal.

Meignant A. (2009), *Manuel d'audit du management des ressources humaines*, Éditions Liaisons.

Peretti J.-M. (2015), *Dictionnaire des ressources humaines*, Vuibert, 8e éd..

Peretti J.-M. (2015), *Ressources humaines*, Vuibert, 15e éd..

Peretti J.-M. (dir.) (2007), *Audit social et développement économique et social des entreprises*, Actes de la 9e université de printemps de l'audit social, Moscou, Russie, Essec-Académie du travail de Russie.

Peretti J.-M. (dir.) (2012), *Encyclopédie de l'audit du social et de la responsabilité sociétale*, EMS.

Peretti J.-M. (dir.) (2013), *Tous solidaires*, Eyrolles.

Peretti J.-M. & Renaud S. (dir.), (2015), *Audit social et gestion des ressources humaines*, Actes de la 33e université d'été de l'audit social, Montréal, IAS-ESSEC-Université de Montréal.

Peretti J.-M. & Saüt A. (2006), « Audit de la diversité », *Tous différents*, Éditions d'Organisation.

Peretti J.-M. & Vachette J.-L. (1985), *Audit social*, Éditions d'Organisation, Paris.

Peretti J.-M. (2013), *Audit social et management responsable*, Actes de la 15e université de printemps de l'audit social, Zadar, Croatie, IAS-ESSEC.

Peretti J.-M. & Rossignol C. (dir.) (2014), « Les indicateurs RH : des outils stratégiques », *Personnel*, n° 552, septembre 2014, p. 34-57.

Pietrement G. (dir.) (2013), *Gestion de l'information sociale*, Vuibert.

Renard J. (2002), *Théorie et pratique de l'audit interne*, Éditions d'Organisation, Paris.

Seguin M. (2015), « L'audit éthique en entreprise : une approche empirique », *Impertinences*, n° 4, hiver 2014-2015, p. 9-26.

Thevenet M. (1986), *Audit de la culture d'entreprise*, Éditions d'Organisation, Paris.

Thevenet M. (2000), *Audit de l'implication*, Actes de la 2e université de printemps de l'audit social, Marrakech, IAS-Essec.

Vatier R. (1988), *Audit de la gestion sociale*, Éditions d'Organisation, Paris.

www.ingramcontent.com/pod-product-compliance
Lightning Source LLC
Chambersburg PA
CBHW061308220326
41599CB00026B/4787